死本

서현수

1-1

유자 : 태양은 밤이 없다. 물론 겨울도 없다. 태양 스스로는 태양도 없다.

무자 : 큰 깨달음을 얻으셨노라. 들었소이다. 사부님, 중생에게도 베풀어 주옵소서.

유자 : 아-암, 먼저 밝히려니 오해가 생길까 두려워 둘러가겠노라.

무자 : 고맙소이다. 싯달타의 깨달음도, 예수의 깨달음도 같은가요.

유자 : 물론, 현재 깨달은 이도 상당히 많으나 아직 우둔한 군중으로 여기고 미루고 있을 뿐이다.

무자 : 그러면 불교에서 일컫는, 깨달음 뒤의 수련과 수련 뒤의 깨달음에 오해가 많은데.

유자 : 그렇다. 혹자는 그러지. 깨달음 뒤에 무슨 수련이 필요한가, 그러면 그걸 모순으로 여기지. 깨

달음만 얻으면 만사형통, 전지전능한 걸로 보아서 그래.

무자 : 싯달타는 기나긴 고행에선 깨달음을 얻지 못하고, 보리수나무 밑에서 쉬면서 깨달음을 얻었는데 혹시 여인에게서 받아먹은 우유에 다른 은유가 있는가요.

유자 : 허허, 사랑을 나누고 사랑을 얻음으로의 깨달음이라. 틀린 말은 아니지.

무자 : 과연 깨달음이 무엇인가요.

유자 : 서두르지 말아라. 항시 서두려면 잃는 게 많느니라. 누구는 그러지. 마음으로 우주 끝까지 순식간에 다녀온다고, 그러나 그건 마음을 몰라서 그래. 마음이란 축적된 기호의 에너지일 뿐이야. 단지 우주와 끝이란 기호(낱말)만 알지. 우주의 끝은 모른다. 쉽게 말해서, 지구 반대편에 아는 곳을 다녀온다고 하자. 그것도 직접 경험이든 간접 경험이든 뉴욕이든 동경이든 조그만 지식의 축적, 예를 들면 일본의 후지산이라든지, 뉴욕의자유상에 대한 정보가 있었기 때문에 가능하지. 만약 마음으로 아무도 모르는 오지엔 어떻게 다녀오겠는가, 훨씬 가까운 거리라도 어떤 정보도 없는데, 다시 말하면, 빛의 속도를 얘기

하자. 1초에 지구를 7바퀴 반을 돈다는데, 아무리 마음으로 다녀와도 빛보다 빨리 지구 반대편에 다녀올 수가 없다. 지금 보는 태양도 8분 20초 전의 태양이라는데 어찌 마음으로 금방 다녀오겠느냐, 사설이나 하나의 과장법으로 표현할 수는 있겠지만, 엄청 멀고도 먼 우주의 변방에 다녀온다는 게 가능하겠느냐. 은하계인 우물 속에서만 봐도 태양은 한 점에 지나지 않는가.

무자 : 예, 사부님이 말씀하시길, 우주는 하나가 아닌 둘이고, 둘이 아닌 하나라.

하나가 하나이지 않고 둘이 둘이지 않다. 우리가 생각하는 우주는 대우주의 미세한 일부분으로 부스럼에 지나지 않는다고, 그리고 첫 하나를 말씀하셨죠. 우주의 기본을 이루는 단위요소라고.

유자 : 그렇게 부르지, 이제 깨달음을 밝히겠노라.

무자 : ……

유자 : 깨달음이란 사본(死本)이니라. 바로 죽음자체이니라.

무자 : 싯달타의 깨달음도…

유자 : 그렇다. 사본을 깨달음으로 바로 부처가 되었느니라. 수련을 하였느니라. 이 깨달음을 어떻게

중생에게 밝힐까. 그때는 지금처럼 나라가 제대로 유지되지 않아 경찰도 없었고, 공권력, 과학도 미미하여 유전, DNA 등으로 설명이 불가하니 곤란하였느니라. 그래서 지옥이 나오고 천당이 나온 걸세. 한편으로 계속 공부하여 성불하라며.

무자 : 사본임을 깨달으면 이미 성불이 아니오리까.

유자 : 그러하니라. 참 부처가 되기 위해선 더 노력을 해야지. 이 세상을 어떻게 평화로이 유지할까.

무자 : 예수도 그걸 깨달았군요. 그래서 바로 하나님의 아들이 되었네요.

유자 : 그러하지. 참 하나님의 아들이 되었지. 누구나 하나님의 아들이지. 그 하나님이 곧 사본이니라.

무자 : 모든 게 사본이라면 구별도 없지 않습니까.

유자 : 그러하지. 모든 것이 사본이라 평등하고 평화롭지. 옛날부터 선지자는 평화로운 세상을 만들려고 노력했느니라. 요즘은 종교로 더 싸움이 일어나니, 사본이라 말로 참다운 평화의 시작이네.

무자 : 죽음자체라면 너무 허무하지 않는가요.

유자 : 그렇지 않네. 잘 생각해 보시게. 기초 단위인 첫 하나 스스로의 에너지를 이해하면 바로 사본일세. 이 우주의 발생도 에너지 움직임의 변형으로 태어나

지 않았는가. 바로 기적이지. 돌연변이랄 수 있는 별의 탄생, 사람의 탄생, 이보다 더한 기적이 어디 있겠는가. 사람으로 살아가며, 이 우주의 근본이 사본임을 알고 죽어가는 이 기쁨이 이루 더할 나위가 있겠느냐.

무자 : 사본이란 깨달음이 바로 기쁨이군요.

유자 : 그렇네.

무자 : 처음 사부님이 염려하셨듯이, 깨달음이 사본이라 하여, 빨리 사본으로 들아가려고 하는 자살은 어찌 해석하여야 하는가요.

유자 : 무의식의 말로일세. 고요한 사본에서 이 삶을 가졌는데 왜 기쁨을 멀리 하려느냐.

무자 : 우리가 무엇인가. 사본이라는 걸 알고 돌아가는 게 의의겠죠. 한 번의 삶이라 아름답죠. 모든 형용 자체도, 아무 것도 아니지만 느낌 자체만으로도 희열이죠.

유자 : 그렇지 인간 언어의 의미로 스스로 자유 자재하는 존재란 말일세. 또한 죽으면 바로 사본으로 시간, 공간을 초월하는 절대자가 되지.

무자 : 그래서 불교에서 성불하여 더 이상의 윤회가 없기를 바라군요.

유자 : 그렇네. 사본으로, 죽음 스스로의 에너지로 영원한 안식에 머무르는 것일세.

무자 : 기독교에서의 천국이군요. 그러니 이제는 지옥으로 중생들을 위협하지 않아도 되는 세월이 되었다는 말씀이군요.

유자 : 그렇네. 이제는 사원을 짓더라도 누구를 우러러 보지 말고, 스스로의 깨달음을 더욱 연마하는 곳이 되어야지. 가장 큰 평화를 위하여.

무자 : 예, 이제는 욕심쟁이 인간들을 제어할 국가와 상식이 겸비되어 있으니.

유자 : 그렇네, 옛날에 자기방어용으로 빌기만 하였다면 아직 빌기만 하겠느냐. 부적이라면 부적, 무기도 돌에서 칼에서 총으로 바뀌었는데, 전쟁터에서 누가 총 대신 돌로 싸우겠느냐. 시대가 바뀌었으니 평화도 새로운 길로 찾고 유지되어야 하네.

무자 : 예. 잘 알겠나이다. 신(神)도 선지자들이 만들어낸 일종의 방편이었군요.

유자 : 그렇네. 세월이 바뀌었지 않는가. 그리고 가정으로 눈을 돌려보시게. 남편이든 아내이든 집에서는 왕과 왕비이길 바라지 않는가. 그런데 왜 스스로가 노예가 되려느냐. 조그만 사업체에서의 사장도 제

사업체에선 왕으로 군림하지 않는가. 큰 사업체의 사장은 더 힘이 있어 뽐내고, 작은 나라의 대통령도 최고이고, 큰 나라의 대통령은 무소불위 말할 나위도 없지 않는가. 누구나 최고이길 바라지 않는가. 모든 생명이 최고이니라. 바로 변형된 사본으로서의 생명이니 누굴 섬기겠느냐. 옛날엔 태양을 신으로 믿은 나라가 있지 않는가. 그 나라가 더 과학적이다. 큰 종교에선 우습게보지 않는가. 비과학적이고 미개하다고. 그러나 돌도 물도 공기도 모두 사본이며 나름대로의 생명이 있다. 변형된 사본은 다 생명이 있어 몸과 마음이 있느니라. 언젠가는 다 본모습 참모습 사본으로 돌아가네.

무자 : 오늘 저를 깨우쳐 주시어 대단히 감사합니다. 내일 또 뵙게 되기를 바랍니다.

유자 : 사본으로 돌아가기 전까진 항상 너와 있으리라.

무자 : 훗날 사본으로 영원한 동지로 남겠나이다.

유자 : 허허.

무자 : 하하.

1-2

시자 : 깨달음이란 무엇이오니까.

종자 : 배가 고프다는 걸 느끼는 게 깨달음이니라.

시자 : 인간이란 무엇이오니까.

종자 : 사본이니라.

시자 : 우주란 무엇이오니까.

종자 : 사본이니라.

시자 : 삶이란 무엇이오니까.

종자 : 변현된 사본이니라. 몸과 마음이 구속으로의 기쁨이니라.

시자 : 죽음이란 무엇이오니까.

종자 : 바로 사본이니라. 완전 해방의 자유이니라.

시자 : 우주의 크기는 어떻게 되오니까.

종자 : 우주 밖도 사본이고 우주 안도 사본인데 어찌 크기가 있으랴.

시자 : 사본은 언제 시작되었고 언제 끝이 나오니까.

종자 : 사본은 시작도 없고 끝도 없노라.

시자 : 죽고 나면 다 사본이라고. 나쁜 일을 저지르는 사람들에겐 어찌 하오리까.

종자 : 법으로 다스려지지 않느냐. 또한 옛날 표현으로 지옥으로 가지 않는가.

시자 : 지옥 말씀하나이까.

종자 : 허허. 그러하네. 살아서 지옥이지 않는가. 죄지은 마음보다 더한 지옥이 어디 있으며, 그 마음은 유전으로 이어지기 마련일세.

시자 : 자식이 없는 죄인은요.

종자 : 스스로 지옥이지 않는가.

시자 : 도를 닦으려면 결혼을 하지 말아야 합니까.

종자 : 그렇네. 남을 자신처럼 대하려면 그게 가장 나은 방법이지. 그렇지만 강요하진 않네. 결혼은 하더라도 자식은 낳지 말게.

시자 : 결혼하면 배우자를 더 아끼지 않겠소이까.

종자 : 배우자와 사랑을 나눌 때 더욱 더 사본임을 믿을 수가 있네. 영원한 안식으로의… 그렇다고 권장하진 않네.

시자 : 아이는…

종자 : 낳지 않는 게 좋다고 보네.

시자 : 만일 낳게 되면…

종자 : 그러면 고행의 수련이 시작되지 않겠는가. 제 아이를 남 아이와 동일시해야 하니. 그 수련에 자신이 있으면 모를까. 그 노력을 사본을 전도하는데 더 힘쓰시게.

시자 : 옛날이야기로 어떤 스님이 암굴에서 오랜 세월 해탈하려 정진하는데 색욕에 흔들려 스스로 거세하였다고 합니다.

종자 : 허허. 어리석은 사람이지. 그게 그 스님의 기쁨의 방편인줄 모르나, 아픔의 기쁨, 어떤 노력도 불사한다는 기쁨, 그러니 이루지 못하였다는 슬픔에 빠졌다면 논외지.

시자 : 슬픔도 기쁨이지 않소이까.

종자 : 그렇긴 하네. 그렇지만 패배의식에 젖어있으면 기쁨이 아니지. 해탈, 너무 어려운 용어에 사로잡혀 있었네. 깨달음이라고 아주 거창한, 어떤 벼락과 번개 같은 게 있으리란 선입견이 잘못이지. 그냥 수양하면서 자연스레 깨달음을 얻어야지. 바둑 고수도 제 3의 눈이 뜨이는 게 아닐세. 노력하다보면 저절로 보여. 판위의 삶과 죽음, 곧 바른 길을. 진리는

자연일세. 대 진리는 사본.

시자 : 자연스럽게 사는 게 풍수설이죠. 풍수설 자체를 따를 필요도 없고, 무시할 필요도 없다는 거죠.

종자 : 몸과 마음은 스스로 치유력과 예지력이 있으니, 마음이 잘 흐르고 몸이 잘 따르도록 하시게.

시자 : 과연 명당의 효험이 사실인가요.

종자 : 명당 자체의 효험은 없어. 생각해 보게. 이 나라가 얼마나 잘 사는가. 명당 찾지 않고 제사지내지 않고도 잘 사는 나라가 많지 않는가. 명당을 찾는 후손의 정성에서 좋은 일이 일어나네. 명당을 찾는 마음과 돈의 여유가 있으니, 좋은 일이 왜 일어나지 않겠는가. 나쁜 방법으로 명당을 차지해봐야 더 나쁜 결과만 낳네.

시자 : 인간의 역사처럼 인간의 미래는 모두 환경에 지배되겠죠.

종자 : 그렇네. 모두 환경이네. 어떤 운명과 숙명을 느끼는 것도 환경에 의함이니 당연하지 않겠는가. 치과에서 이를 뽑을 때도 그런데 아주 절박한 일이 닥치면 누구나 어디든지 매달리게 되지. 그 순간만 어찌 모면해 보려고. 하나님, 부처님, 상황이 그러한데 최선으로 최대로 빌지 않겠는가. 물론 결과도 훨씬

낫네. 먼저 최악의 상태도 그려보고, 그냥 비는 게 아니라 아주 매달리다시피 노력하잖나. 그리곤 나아지면 빌었던 대상을 더 우러러 보지. 더러는 잊기도 하지만, 그러나 우리는 깨우친 자리에 놓여있는 사람일세. 짐승도 아니고 원시인도 아닐세. 자신을 믿고, 더 열심히 구하게, 찾는 것을 부르고 싶으면 사본이 있지 않는가.

시자 : 사본, 사본, 사본.

종자 : 그렇네. 요가란 육체의 움직임으로 몸과 마음을 다스리지 않는가. 앞으로 마음의 요가를 하시게. 누구나 쉽게 할 수 있어. 자기 전에 누워서 5분, 아침에 일어나기 전에 3분간만 해도 되지. 수시로 틈만 나면, 앉아서 해도 돼. 난 차타고 가면서도 반성하네. 차도 사본이고 나도 사본이고 지나가는 환경도 사본이니, 천천히 밝게 나아가자며, 침대에선 얼마나 좋은가. 해가 떠오르는 해변을 달리기도, 맑은 공기가 감도는 숲 속을 거닐기도 하면서. 그러나 무리는 하지 말게. 눈 덮인 들판에서 발가벗진 말게. 감기 걸려. 맨발로 뛰더라도 오랜 못해. 동상 걸려. 허허. 이 마음요가로 몸과 마음을 새롭게 할 수 있어. 항시 깨끗하고 밝으니 그 얼마나 좋은가. 바로 기쁨이지 않

는가.

시자 : 예. 생명, 우리가 사본임을 알고 돌아가는 길. 기쁨의 흐름이라, 마음을 비워라.

종자 : 원래 마음은 비어있어. 욕심으로 채워지니 마음이 더럽혀지네. 그러니 욕심을 버려야지. 무슨 마음을 비워. 그게 더 집착일세. 술, 담배를 끊으려고 안달하지 말고, 그냥 잠시 중지해. 그러다보면 몇 년씩 이어져. 금지는 집착이지만 중지는 자연이야. 사본, 너 마음은 비워있어. 무엇이든 가능해.

시자 : 예.

종자 : 느낌의 선택도 다 마음에 달렸네. 슬픔, 분노, 희열, 후회 등. 그러나 항시 기쁨을 선택하라. 아픔도 기쁨이고 슬픔도 기쁨이고, 사본으로 모든 게 기쁨이니라. 어떤 이는 기쁨을 거부하기도 한다네. 그는 비존재인이다. 그에게 동행을 요구하지 말게. 어느 선교단체에서 개나 소에게 천국가자며 교회나 절에 오라고 하더냐. 그러나 짐승보다 못한 사람도 있느니라. 일종의 사업을 위해서 무리를 이루는 건 오히려 맑은 영혼을 오염시켜. 진정한 선교는 사업이 아니다. 그냥 복음을 전하는 것이다.

시자 : 에. 목사님이나 스님들께서도 깨달음은 같지

만, 선도하는 방법은 아직 전통을 따르는군요. 그게 우중을 위한 길이라며, 한편 참 진리를 은폐하기도.

종자 : 그렇네.

시자 : 더러는 사업을 번창시키려고 더 현혹시키기도. 특히 똑똑한 사람들 중에서도.

종자 : 아주 똑똑한 사람이 있다. 컴퓨터 용량이 최고라 보자. 그러나 컴퓨터가 스스로 창조하지 못하듯이. 그런 사람은 색깔을 많이 아는 사람이다. 보통 십여 가지만 알아도 되는 색깔을 천 가지 이상으로 분류하는 전문가겠지. 아, 이 색은 753번입니다. 하더라도 우리는 옅은 파랑이라는 구분으로도 충분하다. 색깔을 많이 안다고 훌륭한 화가는 아니니다. 학문이 지고하다고 선지자는 아니니다.

시자 : 선지자는 그의 앎을 보편화하는 것이지. 세분화하는 건 아니죠.

종자 : 그렇네. 우리도 사부님께 동참하여 그의 뜻을 펼쳐드리는데 일조하자꾸나.

시자 : 예. 과한 게 부족한 것 보다 못하다 합니다. 과신은 형이상학적으로 맹신은 형이하학적으로 오류를 범합니다. 신체와 정신에…

종자 : 이제 스스로의 왕이 되어라. 허상의 신하가

되지 말고. 스스로 만든 수수깡 인형을 왕으로 모시는 어리석음을 그만 두고.

시자 : 예. 프로 선수도 그만 쉬고 싶으면 은퇴하듯이, 프로 생활자인 중생도 그만 쉬고 싶으면 자살을 하는 것도 일종의 자연사군요. 왕으로의 귀환인가요.

종자 : 이대로 왕이네. 자신을 믿어라. 또한 인연도 믿지 말고 차라리 최신의 통계를 믿어라. 인연에 연연하지 마라. 오고감이 다 왕이니라. 사본으로 다 기쁨의 왕이노라. 죽음도 기쁨, 늙음도 기쁨, 병도 기쁨, 잃음도 기쁨, 다 사본으로의 환원이노라. 들어라. 한도 기쁨이니라.

시자 : 예, 진리는 간단합니다. 선은 선이고 악은 악입니다. 싯달타도 예수도 다 맞습니다. 다 인류를 위한 것이니.

종자 : 맞네. 그러나 선이든 악이든 다 사람의 기준에 의한 거네. 사본의 기준으로, 실제 기준도 없지만, 아무 것도 없으며, 없는 게 다 있는 것이네.

시자 : 과연 그렇습니다. 스스로 왕이 되겠으며, 왕으로 귀환하겠나이다.

1-3

무자 : 신은 무엇이오니까.

유자 : 사본이니라.

무자 : 별의 역사는 언제 시작되었고, 언제 끝이 나오니까.

유자 : 끝에서 시작되었고 시작에서 끝나니라.

무자 : 사본의 역사는…

유자 : 시작도 없고 끝도 없느니라. 네가 있어 빛이 난다.

무자 : 이 미물의 존재에 그런 영광이…

유자 : 시간도 없고 공간도 없노라. 네가 있어 자리가 있다.

무자 : 이 미약한 하루살이에 그런 명예가…

유자 : 사본은 모든 게 없으므로 존재한다. 존재 자체의 의미도 없지. 다 죽음자체인 사본이니라. 종국

에는.

무자 : 별의 탄생은 우연인가요.

유자 : 네가 있어 필연이지만, 우연과 필연도 자연의 딸들이야. 자연은 사본의 딸이지. 정 의미를 부여해서, 태양은 사본의 아들이지. 사람은 태양의 아들이고, 생물, 무생물 통 털어 지구 전체가 말이다. 지금 있는 그대로 모두가 형제인데, 무슨 투쟁에 명분이 있겠는가. 단지 생명 연장책 외로 불경에서의 살생금지도 이런 이유에서지.

무자 : 성경에서도 비유하길 티끌에서 태어나 티끌로 돌아간다고. 그게 바로 사본을 인정하는 핵심이군요.

유자 : 사본을 알고 나면, 모든 사물에 대해 보는 시각과 판단이 달라져 만사가 순조롭네. 모든 답이 예 있노라.

무자 : 예. 충실한 사본으로 덤으로 얻은 짧은 인간의 삶에 기쁨의 충만으로 보내야 하겠군요. 바로 아픔의 기쁨이며 바로 슬픔의 기쁨입니다.

유자 : 모든 고난에서 벗어날 수 있는 유일한 길이 사본이네. 모든 불행마저 수용할 수 있네. 사본으로. 절대라곤 사본밖에 없네. 사본은 변화도 없다. 단지

극히 짧은 순간의 숨만 지나갈 뿐. 아무 것도 따질 것 없네.

무자 : 에너지가 충실하여 일으킨 별의 탄생도 부스럼이라니. 부스럼의 숨이군요.

유자 : 그렇게 말할 수 있지만 다 존재하지 않네. 무존재의 존재일세. 사본뿐이니. 하나로선 존재가 되지 않네. 비교가 되지 않으므로, 그래서 해석이 곤란한 모든 문제까지 수용해 버리네. 사본으로. 있는 걸로 있지 않고 없는 걸로 없지 않네. 우주의 끝이든, 바깥이든 다 사본이다. 정신병자나 정신미숙자들이 더러 부분적으로 옳은 말을 하네. 순수한 영혼의 발로라 하겠지. 그 중에 하나는 맑게 웃으며 말한다. 이 세상 모두가 환영이다. 너와 나 걔들도 환영이다. 논리적이진 못하니 설명은 덧붙일 순 없지.

무자 : 우주의 발생도 환영의 창조로 봅니다.

유자 : 언어로써 정형화하지 말게. 우리는 우리가 있는 지금이 가장 중요하네. 맥으로의 진리인 사본임을 알면, 과거 미래 현재 시간에 지배되지 않네. 삶의 짐을 지었다고 생각하면 그 자체가 지옥이지만, 삶에서 해방된 사본이라면 공간에서도 지배되지 않으니, 오직 충만한 기쁨뿐일세. 바로 고요한 안식

말일세.

무자:사본으로 이루는 대자유, 대평화이군요. 사랑은 기쁨의 과정으로.

유자:그렇네. 살기 위한 투쟁도 기쁨이지. 패배도 기쁨, 승리도 기쁨.

무자:사본이 죽음의 평화로 보기보단, 바로 삶의 평화이군요.

유자:그렇네. 사본을 알면 이미 죽음을 이해하고 수용되니, 삶 자체도 자유의 기쁨이지. 구속될게 없으니. 죽음도, 삶도.

무자:사부님, 정말 고맙소이다. 지금 기쁩니다.

유자:허허허. 옛날에 불구하듯이 살 필요는 없네. 요즘은 성냥과 라이터가 있지 않는가. 전화나 텔레비전이나 자동차 없이 살 수는 있다. 그런데 필요한데도 일부러 피할 우를 범하든지, 고집을 부리겠느냐. 최신의 의료기술에서도 혜택을 받아야지. 그냥 봉합만 한다던지 외면할 이유는 없지 않는가. 그게 전통고수라면 할 말이 없지만 인내완 다르다. 사람은 첫째 참기 때문에 동물과 구분된다. 아무데서나 발가벗고 오줌 누지 않으니. 근본적으로 구분되는 건 스스로 사본임을 아는 것이다. 늙어갈 수록 더 사본의 진

가를 알게 된다. 옛날 손으로 싸웠고 훗날 눈으로 싸울 테니. 답습하는 의식에 좇을 필요가 없는 이유가 여기에 있다. 이 사본이 인류 최고의 보물일세.

무자 : 예, 가장 높고 마지막 깨달음입니다.

유자 : 다른 은하의 별에선 오래 전에 알았고 오래 전에 돌아갔겠지. 어떤 은하의 별에선 오랜 후에 알며 오랜 후에 돌아가겠지. 전체적으로 보면 그 은하들의 별도 있지 않고, 단지 있는 건 사본일세.

무자 : 이제 인도의 간디도 이해가 되네요. 무저항 정신과 유관순 누나의 만세 행진을요. 폭력은 폭력을 부르고, 평화는 평화로 얻는 거군요.

유자 : 사본을 알면 숭고한 삶을 마치네. 악인이 많을 듯하지만 오히려 선인이 많을 걸세. 환경이 선악을 좌우하나, 사람들이 환경을 좌우하기도 하니.

무자 : 이제는 정말 우려하지 않아도 되겠군요. 통신수단이 엄청나게 발전되어 누구나 공유할 수 있으니까.

유자 : 누구도 외롭지 않으리라.

무자 : 빈약한 단군신화도 화려한 신화보다 결코 못하지 않습니다.

유자 : 허허.

무자 : 많은 신화에서 시작의 삶을 위하여 죽음의 화신으로 뱀을 다루었지만, 앞으로는 시작의 죽음을 위하여 게를 다루겠습니다.

유자 : 사본은 사본이니라.

무자 : 하나님께 공양주님 등에게 감사 기도드리고 식사하듯, 사본에 감사 기도드립니다. 우리의 형제를 위하여, 훗날 구분 없는 사본의 동지로.

유자 : 끝없는 끝이고 시작 없는 시작이니라.

1-4

종자 : 자네가 보고 있는 그 나무도 자네를 알고 있네. 그 자리에 있는 이유가 자네 때문은 아닐세.

시자 : 이 나무도 사본을 아는군요.

종자 : 물론이네. 자네 머리에 떨어지는 빗방울도 자네를 알고 있네. 떨어지는 이유가 자네 때문은 아닐세.

시자 : 모든 인연은 다 사본이군요.

종자 : 그렇네. 먼 오지까지 밀려서 살다가 어느 한 순간 사람도 아닌 한 나뭇잎에 모든 인연이 필연과 숙명으로 다가서더라도 그건 단지 사본으로써 귀가를 느끼는 걸세.

시자 : 사본을 알고 나서 생각하면, 모든 곳이 희망의 동산이네요. 죽음을 극복하여 어떤 공포도 없으며.

종자 : 바로 맞추었네. 그리고 사람이 사람 구실한다는 게 쉽지가 않네. 그냥 자연스럽게 살면 되지만, 복잡한 세상인 현대에선 수시로 반성하며 수련하며 깨달아야 되네. 한가로운 옛날에는 명상이나 고행의 여행을 할 수 있어 크고 작은 깨달음을 반복할 수 있었네.

시자 : 예. 개도 제 기분 좋으면 짖지 않는데, 기분 좋으면 모든 인간이 사본에 취한 듯이 너그럽죠. 기분 나쁠 때 취하는 행동을 보면 그들의 그릇을 알 수 있죠. 사람마다 키가 다르듯 그릇도 다르니, 내 버려두어야 하나요.

종자 : 내버려둬. 이미 사본을 설명하였는데도 거부하거든. 왈가왈부 하지 말게. 다 옳은 일이야. 다 자연스레 사본으로 돌아가니.

시자 : 사본을 아는 사람으로 다 인간성을 유지하겠죠.

종자 : 스스로 유지되네. 다툼이 필요하지 않으니. 그들이 옳다면 인정해. 사본을 매도해도 인정해. 인정만 하면 그만일세. 언젠가는 그들도 깨닫고, 돌아와서 자네에게 고개를 숙일 걸세. 그때도 같이 숙이게. 더 뛰어난 사본은 없어. 모두 똑같네. 단지 깨달

음의 시기와 정리의 능력은 다르지.

시자 : 예. 정리를 정의하여 주십시오.

종자 : 한마디로는 불가하여 천천히 보여주겠네. 세상에서 제일 잘난 사람도 똥을 싸고, 그 똥도 그 사람도 다 사본이네. 못된 인간도 똥을 싸네.

시자 : 똥이 먼저일 수도 있겠습니다.

종자 : 허허, 근처에 다다랐네. 허나 앞지르진 말게. 중생은 더 헤매네. 일반적으로 똥 싸기 전엔 뭘 먹어야하네.

시자 : 예. 심호흡을 하겠습니다. 천천히 1, 2, 3, 4에 들이마시고 5, 6, 7, 8에 중지하여 9, 10, 11, 12에 내쉬겠습니다. 명상 호흡, 선 호흡 다 비슷하죠.

종자 : 어떤 건강법이든 자신에게 맞는 걸로 하시게. 규격이나 규정에 얽매이지 말게. 권한다면 자연 호흡이네. 아기처럼 들이마시면 배가 볼록하고, 내쉬면 배가 들어가지. 중요한 것은 5, 6, 7, 8에 들어온 숨으로 체내를 순환시켜 탁한 기운을 모조리 내뱉게. 땅보다 하늘이 보다 더 사본에 가까우니, 하늘의 맑은 기운을 들이마시고.

시자 : 기쁨의 호흡이군요. 기쁨이 약이고, 슬픔이 병이죠.

종자 : 사본의 정리를 터득하면 약이 필요하지가 않네. 바쁜 나날에 할애할 시간이 없으면 수시로 반성하게. 반성이 곧 젊음일세. 사본으로의 해방 전엔 반성 없을 나날이 없네.

시자 : 기쁨의 반성이군요. 반성의 기쁨이기도 하고요.

종자 : 그렇네. 겸손의 미소네. 교만할 사본은 없네. 교만은 철부지고, 겸손은 여유네. 사본으로 모든 게 여유롭네.

1-5

무자 : 깨달음에 빨리 도달하는 길은 없을까요.

유자 : 왕도는 없다네. 도움의 길은 가능하겠지. 초점 없는 시야로 어떤 모양에 접근하면 딱 한 지점에서 입체그림을 보지 않는가.

무자 : 예.

유자 : 바로 그거네. 무의식의 의식과 의식의 무의식이 어느 한 순간 교차하여 깨닫네. 약한 사람은 자신이 기체화하여 타원형으로 회전하며 이루 형용할 수 없는 희열 자체가 되네. 강한 사람은 그냥 깨닫지. 시력이 꾸준히 연마되어 있듯, 심력도 꾸준히 연마하세.

무자 : 생각하지 않는 생각과 생각하는 생각하지 않음에서의 한 순간의 한 교차점에서 깨닫는다. 저절로 사본을.

유자 : 그렇네. 생각하는 마음과 생각하지 않는 마음. 간단히 마음을 닦으세. 누구나 걸음마 시절 지나야만 제대로 걷는다. 어른이 되었다고 아무나 자동차나 말을 타지 못한다. 오랜 숙련기간이 필요하듯이. 사람들 대부분 마음 닦기 시절을 거쳐야 한다. 스님이나 수도자에겐 유리하네. 그러나 이제부터는 누구에게나 보다 빨라졌지.

무자 : 예. 사본을 드러내어 주셨으니. 그걸로서 끝이군요.

유자 : 시작일세.

무자 : 스승으로 시작이군요.

유자 : 스승으로도 시작이고, 제자로써도 시작일세.

1-6

종자 : 뿌리 깊은 나무는 바로 주름살 많은 노인네와 같다. 주름살 적은 노인네가 있듯, 큰나무라도 토양이 좋은 곳에는 뿌리를 깊이 내리지 않는다. 그러므로 뿌리에 집착하지 마라. 뿌리가 곧 집착이니라. 사본은 공기보다 가볍네. 형태에도 집착하지 마라. 자네가 무엇이든 무엇에 매달려 있지 마라. 형태도 집착이니라. 사본은 자유자재라 형태도 없느니라.

시자 : 어떤 신분이라도 다 같은 사본이군요.

종자 : 그러니 차별이 없느니라. 생물과 무생물도 같은데, 이마저 인간의 분류고 돌의 입장에서 보면 가벼움과 무거움, 바람의 입장에선 막힘과 통함의 구분일 텐데, 무슨 인종차별이 있으며 지역차별이 있겠느냐. 어떤 조건의 육체를 가졌더라도 마음은 똑같고, 다 사본이니라.

시자 : 사본(死本)이라니, 죽음 운운하며 험악하게 생각들 하나이다.

종자 : 허허. 사본보다 부드러운 게 그 어디 있다더냐. 또한 누구 죽지 않은 조상을 둔 사람이 어디 있느냐. 그런데 죽은 조상님이나 연인이 험악 하느냐. 죽음이란 가장 아름다운 일이니 두려워마라. 누구에게나 가장 친근한 일이니라. 그들의 삶보다도 그들의 죽음이 더. 그리고 죽음은 남의 것도 아니고 자신의 것이네. 삶보다 더 고귀하네.

시자 : 사본으로 같지만, 사본을 알면 보다 나은 죽음을 위해 보다 나은 삶을 택해야 하는군요.

종자 : 그렇네.

시자 : 무자식이 상팔자란 옛날 말씀이 틀리진 않군요.

종자 : 허허. 그러나 무자식을 한탄한다면 가장 나쁜 팔자로 봐야지, 팔자에 집착하는 만큼.

시자 : 생명의 연장선으로 자식에 집착하는 것도 사본을 몰라서 그렇군요.

종자 : 사본을 알면 모든 문제가 풀리지. 무자식이면, 우주 전체가 자식이며 고통 없는 해산이며, 죽음 없는 영원이지. 자식의 불행은, 사본의 귀환으로 관

조하시게.

시자 : 예. 어쩔 수 없는 합리화든 아니든 어떻든 부모의 고통도 너그럽게 펼 수 있는 길이 사본이네요. 자식이 죽으면 가슴에 묻는다는데, 이젠 사본에 묻으면 되겠군요. 장애아도 사본에 담으면 되겠군요.

종자 : 바로 빛이네. 빛 자체도 사본에 담기지만, 그리고 누굴 미워하면 자신의 정기만 소모되니 그냥 마음에 담지 말게. 추억으로 달콤하면 그냥 두고, 상종하기도 싫고 생각하여 치가 떨린다면 마음에서 버리게나. 그는 존재가치가 없으니 스스로 존재를 부정하시게.

시자 : 예. 스스로 절대자 사본이니까요. 자신의 잘못도 스스로 지우리다.

종자 : 먼저 자식에게도 사본을 가르치게. 제일 먼저 배우고 제일 마지막 행하는 게 사본이니라. 스스로 모두 고통에서 헤어날 수 있네. 누구나 꿈을 꿀 권리와 행할 의무가 있네. 행이 어렵다고 포기하면 그것도 관조로 치부하게. 사본은 말썽이 없네.

시자 : 예. 명심하겠습니다. 수시로 까먹고 평정심을 잃더라도 그러는 자신을 알면 시작이 아닐까요.

종자 : 그렇네. 절망은 없네. 사본으로 절망이 태어

나지 않네. 인간으로의 탄생이 그 얼마나 행운의 기적인가. 우리의 존재는 모두 기적이네. 기적. 기적의 아들로서 부끄러운 행동은 하지 말게. 이렇게 의식할 수 있으니 죽음을 서두를 이유가 뭐 있느냐. 이런 고통, 이런 고뇌도 살아있는 기쁨의 한 표상일 뿐이네. 느낌은 잠시 추억은 일생이네.

시자: 모두 사본을 알고 사본으로 돌아가면, 행운의 기적을 행복한 기적으로 마무리하네요.

종자: 그렇네. 세속적인 처세법을 일러주지. 자연의 환경을 못 바꾸면 스스로 환경을 바꾸시게. 불가능하면 자리를 옮기게. 죽기 전까진 이전의 자유와 새로운 기쁨을 누릴 수 있네. 움직이지 못할 때까진 얼마든지 가능한 운명의 조종이네. 스스로의.

시자: 지체부자유자도 마음으로 얼마든지 바꿀 수 있겠군요. 스스로 조절하고 관조하며.

종자: 허허. 그 한마디에 모두 함축되어 있네. 그도 기적의 아들이며 오히려 더 풍부한 기적의 아들이네. 몸의 제약으로 마음은 더 넓으니. 사본의 입문에 진정으로 환영받으며 행복의 열쇠를 마음에 품고 있지. 허상에 매달리지 않고.

시자: 예. 상실의 아픔에서 기쁨을 건져내는 건, 획

득의 기쁨에서 아픔을 찾아내는 거랑 진배없군요. 어느 경우든 감사하는 마음도 더불어.

종자 : 자네도 나의 스승일세.

시자 : 부끄럽소이다.

종자 : 허허. 아직 멀었군. 허상의 끈을 아직 놓지 못하네.

시자 : 누가 차에 누구를 태우는데, 타는 사람도 태우는 사람도 허상인가요.

종자 : 차도 달림도 허상이 아닐세. 허상 자체가 함정의 함정일세.

시자 : 제 죽음에 기뻐할 수 있도록 정진하겠습니다.

종자 : 남의 나라를 위하여 제 나라를 배신한다면 국민의 자격이 없듯이, 남을 위하여 가족을 배신하면 구성원의 자격이 없네. 남을 위하여 자신을 희생하는 것은 사본의 바탕이네. 자기만족에 도취하지 않으려면 사본을 터득하여야만 진정한 희생이네. 허나 자기 파괴를 위한 자기 배신은 가장 어리석음의 표본이네.

시자 : 예. 개똥도 약으로 쓰려면 안 보인다 그러죠. 누구를 미워한다면 버림인데, 버리는 건 언제든지 버릴 수 있으니, 유효기간이 완료될 때까지 기다리는

인내가 필요합니다. 그러니 자신을 미워해도 버려선 안 돼죠. 미워하는 이가 좋아지기도 하듯이.

종자 : 인내는 기다리더라도, 기다림은 기다리지 말게. 스스로 자신만 가득히 채우게. 그러면 자신이 움직일 때가 오네. 항시 미소를 잊지 말게. 미소는 되돌아온다네. 잊지 않고, 감동의 음악처럼. 설혹 죽음이라도 마지막은 아닐세. 꿈에서 깨어나 사본으로 이어지니.

시자 : 언젠가는 어느 날 세수를 하지 않는 제자신이 기쁨으로 되어있겠죠.

종자 : 허허. 가깝네.

시자 : 그 가까움도 허상이죠. 음악처럼, 밤이 왔으니 세수를 하겠군요.

종자 : 허허. 다다렀네. 이제 시작하시게.

1-7

유자 : 나비 다리 하나가 우주보다 크네.

무자 : 사본이니까요.

유자 : 금밭에 뒹굴던 똥밭에 뒹굴던 삶은 똑 같네.

무자 : 사본이니까요. 단지 차이는 사본을 아는 거와 모르는 겁니다.

유자 : 팔자소관이라 타고난다며 변명할게 아닐세. 일종의 유전처럼 웃대의 행적이 드러나는 게 팔자네.

무자 : 팔자도 환경에 좌우되니, 환경을 바꾸는 게 곧 팔자를 고치군요. 좋은 배우자를 만나 결혼할 때처럼. 허허.

유자 : 마음에서 모든 욕심을 버려라. 미움도 욕심이니라. 자존심에서 기인하는 욕심이니라. 컴퓨터처럼, 무엇이 나쁘면 악당 등록을 해서 머리에 저장하지 마음에 두지 말게. 무조건 잊는 게 능사는 아닐세.

같은 실수를 반복하는 하급자에게서 탈피하려면.

무자 : 예. 남을 미워하여 마음을 더럽힐 수 없듯이, 흔들리는 마음을 잡겠나이다. 조그만 호수엔 조그만 돌멩이도 큰 파문이 일지만, 큰 호수엔 큰 바위도 별 영향이 없으니까요.

유자 : 단지 그 시간 그 지점만 반응하지만 곧 흔적도 없어지느니라.

무자 : 예. 모든 번뇌에서 벗어날 수 있는 유일한 길이 사본이라 마음에 더 새겨지는군요. 진리 사본을 알았으니, 마음 키우기로 해탈과 열반에 들겠나이다.

유자 : 마음은 허상을 담으려는 상이니라. 일반적으로 마음을 그릇이라 하네. 큰 그릇은 그릇 자체가 없네.

무자 : 예. 오늘부터 우주를 담을 만큼 마음을 키우도록 하겠나이다.

유자 : 모든 생물은 죽음으로, 모든 물질은 분해 되어 해탈과 열반에 드느니라. 해탈과 열반이 곧 사본이니라.

무자 : 사부님의 장례는 어찌 하오리까.

유자 : 화장하여 뿌리게나. 기억을 마음에 담아주

면 고맙겠구려.

무자 : 예. 사본이 죽음에 대한 위안이죠.

유자 : 죽음이 뭐가 두려우냐. 매장하려는 풍습도 혹시나 살아있을까 마지막 후까지 미련을 버리지 못함이라. 가사 상태가 아닌 이상 이미 죽음의 판정이라면 그렇게 화장되는 게 마땅하지 않겠느냐. 상황도 바로 환경이니라. 운명이라 불리는 흐름이지. 허나 죽음을 스스로 재촉할 이유는 없네. 딱 한 번의 외출을 허망하게 보낼 순 없지 않느냐. 여러 번일 수도 있지만 지금의 이 의식으로의 외출은 딱 한 번이네.

무자 : 정신없이 살아가는 사람들을 보면 모두 정신병자 같습니다. 단지 정도의 크기와 지속되는 시간만 다르고요.

유자 : 그렇네. 바퀴의 창조가 정신병의 발생이네. 바퀴의 혜택을 보면 예외 없이 돈다네. 그 광기도 이젠 성격의 일부분이라 전화위복으로 만드는 사람도 있네.

무자 : 한군데 미치면 뭔가 이루기도 하죠.

유자 : 쉬지 않고 바퀴처럼 마음을 돌려야 발병하지 않네. 항시 긍정의 사고라면 감정은 이성의 미소일 뿐이네. 자전거가 쓰러지지 않으려면 달려야 하듯이,

같은 순환의 맥락일세. 마음도 뇌의 한 부분일세.

무자 : 하등 생물의 마음도 뇌에 있사오리까.

유자 : 뇌가 있는 동물은 그렇지만, 뇌가 없으면 그 자체에 흩어져 있는 걸세.

무자 : 바위도 그렇군요.

유자 : 존재 자체가 마음일세. 고등 동물은 많은 조직으로 몸이 이루어져 있지 않는가. 최고 생물은 뇌와 마음도 분리되어 있지만, 실제는 움직이지도 않네.

무자 : 자유 자재로운 바로 사본이군요.

유자 : 이기도 하고 아니기도 하네. 뇌파와 심파는 작동한다네.

무자 : 마음으로 동작을 대신하는가요.

유자 : 교류도 보이지 않고 들리지 않으나 그들에겐 보이고 들린다네.

무자 : 모양 없는 모양, 움직임 없는 움직임, 삶 없는 삶인가요.

유자 : 죽음 없는 죽음이기도 하네. 여하튼 사본임에는 분명하나 변형의 끝은 없네. 변하지 않고도 변하니. 그러니 시작 없는 시작으로 이어짐이 없는 이어짐일 뿐일세.

무자 : 끝없는 끝이군요.

유자 : 허허. 오늘은 이만 쉬도록 하세.

무자 : 소생 어지럽나이다.

시자 : 일전에 그러셨죠. 죽음도 타이밍이라고.

종자 : 그렇네. 시간이 없어지길 바라네, 사랑할 때처럼. 공간이 없어지기를 바라기도 하네, 그리움으로. 허나 시간과 공간은 함께 있네. 시간이 곧 공간이며 공간이 곧 시간이네. 시간이 없으면 공간도 없고, 공간이 없으면 시간도 없네. 무존재가 존재하겠느냐.

시자 : 무존재란 무엇이오니까.

종자 : 바로 시간 없는 공간이며, 공간 없는 시간이네.

시자 : 없음이 무존재 아니오니까.

종자 : 자네가 말하는 없음이란 무소유, 부지각 그리고 부족분이지 무존재는 아닐세.

시자 : 그러면 존재 자체가 무존재 아니온지.

종자 : 그러면 무존재가 존재 자체인가. 그걸 자네가 알기에는 아직 멀었네. 이제 서서히 느길 뿐이지.

시자 : 예. 이제 인지하는 시간과 인정하는 시간의 흐름이 보입니다. 아직 더디나.

종자 : 그러면 됐네. 첫짼 느껴야 하니.

시자 : 사탕이 달다는 느낌은 금방이나 사탕이 이에 해롭다는 건 조금 걸리죠. 모든 일이 이와 유사한 것 같애요.

종자 : 아직 애들이라서 그래요. 이러는 나도 아직 애라오.

시자 : 사부님. 명심하겠습니다. 이 명심도 수시로 변하여 제 자신이 미처 못 알아봅니다.

종자 : 당연하네. 수시로 변하는 자신을 깨닫지 못하니. 부자가 됐다. 거지가 됐다. 교수가 됐다, 바보가 됐다, 하루에도 수천 번 바뀌지. 허나 인지하지 못하는 걸 인지하는 것은 한 단계 전진이고, 인정하지 못하는 걸 인정하는 것은 두 단계 전진일세.

시자 : 번번이 후회만 할 순 없습니다.

종자 : 후회의 즐거움을 누리세.

시자 : 예. 충만의 슬픔도 한 기쁨입니다.

종자 : 사본은 즐거운 기쁨이니라.

시자 : 잊혀지지 않는 망각이죠.

종자 : 없음으로의 있음은 시간으로 존재하고, 있음으로의 없음은 공간으로 존재하네.

시자 : 허망함도 무상함도 없으며 그냥 기쁨이죠.

종자 : 과거는 이미 지나갔으므로 존재하지 않고, 미래는 아직 오지 않았으니 존재하지 않고, 현재는 곧 과거로 돌아갈 준과거라 존재하지 않느니라. 가까운 미래인 곧 현재로 다가올 준미래도 쉬이 과거로 돌아갈 것이니 존재하지 않느니라. 통 털어 존재는 없느니라. 허나 미래 후에 과거 있고, 과거 전에 미래 있느니라.

시자 : 존재는 없으나 사본은 있는군요.

종자 : 공간을 점령하고 있는 개체들의 존재도 한시적이므로 존재하지 않느니라. 모두 움직이며 없어지느니라. 따라서 공간을 점유한 존재도 존재하지 않느니라. 단지 사본은 처음 전에도 끝 후에도 존재하느니라. 다 우리들이네.

시자 : 사본으로 존재하며, 존재를 찾으려면 벌써 없다는 말씀이군요.

종자 : 그렇네. 그냥 있는 것이네.

시자 : 욕심으로 스스로의 존재를 지우는군요.

종자 : 이 세상에 사랑보다 쉬운 게 어디 있느냐.

시자 : 가장 어렵다는 사람들도 많아요.

종자 : 그게 다 욕심에서 연유하느니라. 사랑하면 사랑으로 그쳐야지, 뭘 돌려받으려면 사랑이 아니니

라. 그래서 아픔과 눈물과 탄식을 쏟아내느니라. 주었으면 받으려 하지 말게. 사랑을 빌려주기로 계약이 되었으면 돌려받겠지. 결혼처럼.

시자 : 사랑을 빌려 줄 순 없겠죠.

종자 : 그러니 사랑하면 그걸로 그만이야.

시자 : 사부님은 낚시터에 가시어 고기를 잡으면 좋고, 못 잡으면 더 좋다 하셨는데 농담이셨죠.

종자 : 사랑하여 사랑받으면 좋고, 사랑 못 받으면, 허허.

시자 : 허허. 사랑받는 존재도 사랑하는 사람에 의해 존재합니다.

종자 : 이제야 겨우 있는 자리를 깨달았네.

시자 : 시작이 끝이며, 끝이 시작입니다.

종자 : 허허허.

1-8

시자 : 사부님. 수십 년 동안 생각하여 왔건만 아직 생각을 전연 하지 않은 듯 합니다.

종자 : 바로 그게 큰 생각일세.

시자 : 사부님. 제사는 어떻게 하오리까.

종자 : 제사는 어른들을 위한 게 아니라 아이들을 위한 것이니, 음식은 아이들을 위주로 하시게.

시자 : 절은 어찌 하오리까.

종자 : 어떻든 상관이 없네. 형식보단 마음이 더 중요한 것이니까. 바로 선인을 기리는 것이니, 의식은 가볍게 치루고, 가신님을 서로 더듬어 찾아보며 자신들을 일신하시게.

시자 : 남의 제사에 감 놔라, 배 놔라 하지 않는다는 속담도 거기에서 기인하는군요.

종자 : 떠난 사람들도 짐 없듯이, 남은 사람들도 짐

없다네.

시자 : 사본이니까요. 모두 해방되어 있는 존재들이죠. 그러니 마음만 애타게 할 이유가 없죠.

종자 : 마음만 애탄다. 정신의 편중으로 심장에 피가 많이 몰리는 현상일세. 그래서 마음이 가슴에 있다고들 하네. 심장이 배에 있으면 마음이 배에 있다고들 하겠네.

시자 : 예. 이미 죽은 사람들보다도 산 사람들을 우선하여야겠죠. 우리는 같이 숨을 쉬니까요.

종자 : 숨을 쉬니 기쁨을 누리고 한을 풀어야지.

시자 : 예. 열을 풀지 말고 다스리라 하셨죠. 화나 한을 푸는 것은 다른 것으로 해소하지만 궁극적으론 지워지지 않고 한시적으로 외면하다 저절로 잊어먹게요. 허나 다스리는 건 정면으로 깨부수니까요. 냉철히 분석하면 별 것 아니죠. 삶보다 중요한 게 없으며, 사본보다 중요한 삶이 없으니까요.

종자 : 그렇네. 쉽게 가는 게 어렵네. 항시 평정심을 유지하여야하니. 흐르는 물에도 마음이 있네. 하지만 흘러가버린 물의 마음까지 수용할 수는 없네. 산도 물이요. 물도 산이요. 남은 사람도 떠난 사람이요. 떠난 사람도 남은 사람이요.

시자 : 통 털어 사본이라는 뜻인가요. 그래서 아픔은 없으며, 기쁨만 있사오리까.

종자 : 큰 생명은 우리가 알지만, 작은 생명은 보이지 않지만 그들의 세계가 있지 않는가. 그 작은 생명들의 오고감에 그 누가 알며, 애석해하며 기뻐하겠느냐.

시자 : 세상은 기쁨으로 충만하다는 사실이군요.

종자 : 생물, 무생물도 인간들의 판단기준일세. 사본으로 보면 모두 다 한 생명이네. 사본하나 모든 하나가 다 생명으로 존재하고 있다네.

시자 : 한 죽음도 한 삶으로 존재하는군요.

종자 : 그렇네. 말한다든지. 본다든지 하는 게 아닐세.

시자 : 가장 기초이며 가장 최고라는 느낌으로 모든 걸 포용하며 누리는군요.

종자 : 그 느낌도 우리의 느낌하곤 다르네.

시자 : 차원이 달라도 사본은 다르지 않죠.

종자 : 허허. 차원도 인간의 기준일세.

시자 : 결국은 사본 하나로 돌아가는군요.

종자 : 그렇네.

1-9

종자 : 마음 다스리기는 곧 욕심 버리기네. 욕심 중에 가장 큰 욕심은 미움이니라. 어떤 이는 그 미움 하나로 살아 있고, 그 미움이 없다면 존재 이유와 가치도 없다고들 하네.

시자 : 정말 어리석은 사람들이군요.

종자 : 그렇네. 어리석은 사람이란 머리에 담아둘 걸 마음에 담는 것일세. 사실 어쩔 수 없는 미움도 있겠지. 부모나 자식을 살해한 자를 미워하지 않으면 어쩌란 말인가. 허나 자신은 살해당하지 않았지 않는가. 그 죽음을 죽음만으로 받아들이는 단순한 동물이 되어선 안 돼지. 사본을 아는 사람에겐 그 미움도 스스로 사그라들며, 더 나아가 사본의 진리를 더 깊게 깨닫게 되고, 동기로도 받아들이지. 정신문명의 극대화며 고귀한 순수의 이상화로써 바로 사본의 본색을

저절로 흡수하네.

시자 : 해탈의 길이 바로 그것이네요. 자신을 모든 것에서 벗어나게 하여 스스로 자유롭게 되는군요. 탄생이 해탈의 시작이니, 죽음으로 해탈의 마무리를 지어야죠. 그게 사본을 알고 죽으면 해탈이 되는군요.

종자 : 그 단계론 그렇네. 다음으론 해탈에 대한 해탈에 더 정진하시게나. 처음으로 돌아가서, 먼저 조그만 미움부터 하나씩 버리시게. 그러면 그게 얼마나 부질없는 아집이었음을 느껴 마음이 후련하지. 점진적으로 미움의 자리를 비우시게. 그리고 가까운 사이라 미처 보지 못하는, 알고도 그냥 지니기만 하는 미움도 찾아보게. 틀림없이 있다네. 바로 그 미움을 버린다면 미움자체를 이해할 것일세.

시자 : 나쁜 세균처럼 번식하는 걸 반성이란 사본 한방으로 깔끔하게 지울 수 있군요. 모든 실패는 정보 부족에서 연유하나, 정보도 사본 안에 있군요.

종자 : 비극은 없네. 단지 감상만 있을 뿐이네. 절망은 없네. 단지 체념만 있을 뿐이네. 사본으로 돌아가기 전 최후의 순간까지 삶의 기쁨으로 최선을 다하시게. 밑져봐야 본전이 아니라, 본전 다음으로 남는 게 있느니라. 최소한 최선의 아름다움.

시자 : 뭘 상실하였느냐. 하늘이 거두어 갔다며 위안을 삼을게 아니라, 자기 스스로의 도전 기회라 생각해야 되는군요.

종자 : 그렇네. 잃는 것도 자연이며 얻는 것도 자연일세. 다 사본 스스로이니, 항시 앞을 보시게. 육체의 성장통도 있는데, 알고 보면 정신의 성장통은 더 크다네. 지금의 고난을 그리 해석하시게.

시자 : 나이가 들면 잃는 것도 있고, 얻는 것도 있죠. 그게 인생이니, 엄청난 사건에 직면했을 때, 항시 적극적으로 대처하죠. 하나님의 부르심이라든지, 팔자소관이라든지 다른 이름을 부르지 말고, 자신의 이름을 불러야죠. 언제든지 역전은 있고, 그 역전도 자신의 마음에 달렸죠. 사부님. 인연은 어찌 해석하오리까.

종자 : 선천적 염색체처럼 후천적 염색체가 비슷한 코드라 보시게. 어떤 이들은 형제보다 더 닮고 친한 친구들이 있지 않는가. 천생연분도 후천적 염색체가 같은 코드로 보시게. 사본에선 모든 게 가능하네. 불가능도 없고 기적도 얼마든지 있네.

시자 : 사본, 제일의 복이군요.

종자 : 여보게. 가족보단 자신이 우선이니 더 사랑

하게. 나라보단 가족이 우선이고, 지구보단 나라가 우선이고, 우주보단 지구가 우선이고, 사본보단 우주가 우선이네. 허나 사본 안에 모든 것이 있느니라. 자신을 사랑함이 곧 사본을 사랑함이니라. 선행도 자신을 위한 것일세. 은혜를 입는 것도 기꺼이 받아들이시게. 그것도 선행일세. 자식이 부모를 이용하고, 부부가 배우자를 이용하는 것도 선행일세.

시자 : 예. 선행으로 재산이 나가는 게 나쁜 일로 나가는 것보단 백번 낫죠. 병이 든다든지, 감옥에 간다든지, 선행을 하다보면 그런 나쁜 일에서 멀어지니 마음마저 평화롭죠. 나고 죽듯, 재물도 들어오고 나가는데 선행으로 대체하는 게 백번 현명한 일이죠.

종자 : 사본을 아는 순간에 지난 모든 죄는 사라지느니라. 다음으로 짓는 죄도 사본을 외우며 지우도록 하시게. 평생을 죄를 씻는데 보내더라도 죄를 담은 인간보단 억만 배 낫느니라. 삶을 얻었으니 그 정도 수고는 아무 것도 아닐세. 허허허. 그래서 태어날 때처럼 맑게 돌아가느니라.

시자 : 사진을 찍으면 사람의 마음이 보인다죠. 무심코 드러내기 때문입니다. 옷을 입기 시작할 무렵 몸을 보호하는 차원이었지만 점점 자신의 허세를 드

러내자 마음이 감추어졌죠. 짐승이나 나무를 찍으면 자연 그대로인데 그들의 마음은 다 겉과 속이 같기 때문입니다. 사람들은 불평하죠. 사진이 못나 왔다느니, 늙게 나왔다느니. 그게 제자신의 마음이 불식간에 드러난 걸 몰라서죠.

종자 : 사진 찍기 두렵네. 허허허.

시자 : 웬 천만의 말씀을. 제가 이 나이 들어서야 사람 얼굴 쳐다보기 시작하는데 언제서야 자연을 쳐다보리까.

종자 : 가시만큼 아프네. 하하하. 드디어 기쁜 그날이 다가오는구나.

시자 : 벌써 열반에 드시려구요. 아니되옵니다. 미천한 저를 더 이끌어 주시옵소서.

1-10

시자 : 사부님. 우주 발생의 원인과 이유는 무엇이오니까.

종자 : 스스로 태어나고 싶은 이유가 원인일세. 자네의 존재이유와 같은 것일세.

시자 : 부모님의 결합으로 태어난 게 아니라, 아직 태어나지 않은 저의 소망으로 제가 만들어졌습니까.

종자 : 그렇네. 부모님이 돌아가시어 존재하시지 않는 거와 같은 것일세.

시자 : 스스로 사본으로 돌아가고 싶은 소망이 원인으로 사본의 이유가 되는군요.

종자 : 같은 말이네. 소망이 이유로 사본의 원인이라.

시자 : 사부님. 사본을 알고나선 어떻게 처신하오리까.

종자 : 자연스럽게 되느니라. 더 긍정적이고 더 적극적으로 변하네. 보다 대범하여 지고 보다 현명하게 되느니라. 더하여 착하며 신중하여지네. 겉으로 드러나지 않으니 애써 치장은 하지 마시게. 저절로 미소가 기쁨이 되느니라.

시자 : 전연 보이지 않는가요.

종자 : 그렇네. 그러니 계속 수련하시다보면, 뭔가 그윽한 테두리가 만들어져, 다른 이들이 느끼기는 할 걸세. 아주 드물게, 깨달음의 인식으로 미간이 바로 패이기도 하지. 어느 날 아침 거울에서 보실거네.

시자 : 자신의 품위는 자신의 수련으로 돋보이는 거군요.

종자 : 당연하네.

시자 : 빨리 도달하고 싶군요.

종자 : 허허. 이미 도달하였으니 더 가시게. 바로 정중동이지만, 한마디로 모든 걸 관조할 수 있느니라. 먼저 자신을 제어하는 건 기본이며, 모든 게 하루아침에 이루어지진 않네. 수시로 느껴야 잘못도 곧 고쳐지네.

시자 : 전 고치다가 일생을 마치겠군요.

종자 : 그것도 만족스런 기쁨의 일생이네.

시자 : 올챙이 시절을 잊어먹는 개구리는 아니되겠죠.

종자 : 그 시절을 잊진 않더라도 그곳에 빠져있으면 안되네. 다리가 없던 올챙이 꼬리와 몸통으로 헤엄쳤다고, 개구리도 그러진 않지 않느냐.

시자 : 바로 그것이군요. 사본을 알고 나면 성인이 되고, 사본을 모르면 아이에 불과하군요.

종자 : 그렇네. 일병은 일병으로서 할 일이 있고, 장군은 장군으로서 할 일이 따로 있느니라. 어른이 아이의 일을 하지 않을 것이며, 아이가 어른의 일을 할 수가 없지 않느냐.

시자 : 이제까지 자신만을 위해서 살아왔으면, 이젠부턴 남을 위해서 살아야하군요.

종자 : 그게 곧 자신의 진정한 삶일세.

시자 : 과연 그렇군요. 진정한 기쁨이군요. 힘들고 고달픈 때가 있더라도.

종자 : 허허. 사본의 깨달음에 이어지는 물음이 있다. 현재 자신이 처한 사회적 위치는 어디에 있느냐. 그냥 사본을 느끼고 조용히 사는가. 사본을 깨닫고 남들에게도 깨우치게 하려는가. 그냥 부서지고 방황할 위치에 있는가. 고난을 당하더라도 불행한 이들을

진정코 구하겠는가.

시자 : 어떤 위치에 있더라도 사본을 앎으로 곧 구제가 되리라 봅니다.

종자 : 허허허.

시자 : 각 인생이 빛깔은 다르더라도 사본으로 다 빛납니다.

1-11

시자 : 사부님. 우주의 중앙은 어디이옵니까.

종자 : 천문학적으론 없다고 하네. 허나 언어학적으론 존재하느니라.

시자 : 풀이하여 주옵소서.

종자 : 계란의 중앙은 어디인가.

시자 : 그냥 복판이겠죠. 그러면 우주의 중앙도 그냥 복판인가요. 단지 모를 뿐이겠죠.

종자 : 사람의 중앙은 어디인가.

시자 : 배꼽 위, 배꼽 아래, 사람의 체형에 따라서 달라지겠네요. 일반적으로 배꼽으로 가정할 수 있겠네요. 탯줄의 자리니까. 바로 생명의 줄이니까요. 우주에도 생명의 줄이 있는가요.

종자 : 하늘의 중앙은 어디인가.

시자 : 우물 안에서 바라본다면 원의 중앙일 텐데요.

종자 : 바로 자네 입에서 답이 나왔네.

시자 : 무엇이오니까.

종자 : 자네의 머리 위가 하늘의 중앙이며, 우주의 중앙은 바로 자네이네. 생명의 줄이란 역시 사본이니라.

시자 : 바로 바다의 중앙이 따로 있지 않다는 말씀이군요.

종자 : 그렇네. 우주의 안도 역시 사본이고, 우주의 밖도 역시 사본이네.

시자 : 밖의 사본과 안의 사본과 차이가 있나이까.

종자 : 사본으론 차이가 없네. 표현은 가능하네. 우주의 밖은 더 순수하고 덜 익었을 뿐이라고. 허나 제약된 인간의 시각에 불과하네. 사본으론 똑 같네. 생명의 줄처럼. 물을 물이라 하고, 배꼽을 배꼽이라 하는 거지, 생명의 근원이니 생명의 줄이니 형이상학에 매달리지 마시게. 사본이 근본이니, 근본에 매달리시게.

시자 : 예. 오늘도 더럽혀진 마음을 닦고, 내일은 더럽히지 않도록 정진하고 있나이다.

종자 : 기쁨으로 사는 게 답이니라. 슬픔 따위를 버리는 것 또한 기쁨이니라.

시자 : 분노를 어찌 버리나이까.

종자 : 모든 답은 자기에게 있느니라. 스스로 정리하여라.

시자 : 예. 버리는 게 버리는 게 아니군요.

종자 : 그렇네. 버리더라도 잊지는 말게. 잊어버리더라도 버리진 말게.

시자 : 예. 한마디로 스스로 정리하면 되는군요.

종자 : 다음으론 기쁨이지.

시자 : 사부님 말씀은 여러 단계를 건너뛰어서 이해가 쉽지 않아, 매번 숙제로 생각합니다.

종자 : 허허허. 미안하네. 말재주가 없어서. 공부도 기쁨일세.

시자 : 이 시간에도 많은 사람들이 죽어가지 않습니까. 그러면 그들의 우주중앙은 이동하는가요.

종자 : 사본 자체가 되니, 우주 중앙이란 표현은 무의미하네. 이미 우주 전체가 되었으니. 자네의 중앙도 몸이 있을 때 유효하지만 그자체도 무슨 의미가 있겠나. 모르는 사람이 죽으면 알지도 못하면서, 지인의 죽음에는 온통 야단이지 않는가. 공부가 부족해서 그래. 사본의 기쁨으로 돌리시게. 이 시간에도 숱한 동물들이 죽네. 그들은 기쁨으로 돌아가네. 자신

도 모르면서, 사본도 모르면서. 허나 사본을 거스럼 없이 받아들이네. 순수하게.

시자 : 예. 모든 게 기쁨입니다. 우주의 탄생 우주의 비밀 등, 사본이 사본으로 밝혀진 게 기쁨이니까요.

2-1

사사 : 생성과 소멸도 같으니라. 생성의 길도, 소멸의 길도 같느니라. 생성은 사본의 마음이 소멸되고, 소멸은 사본의 마음이 생성되느니라. 그러니 생성이 곧 생성이 아니고, 소멸이 곧 소멸이 아니니라. 잠시 빌리고 돌려줄 뿐이지만, 모든 존재는 존중받아야 하느니라.

오오 : 사람이 죽으면 사본으로 돌아가지 않소이까. 그러면 그 속의 균들도 사본으로 돌아가나이까.

사사 : 그렇느니라. 좋은 균도 물론이지만, 나쁜 균으로 그 사람이 죽었더라도, 그 균도 사본으로 돌아가느니라.

오오 : 그러면 원수지간도 같아지는군요.

사사 : 그렇느니라. 그래서 모든 존재는 존중받아야 하느니라.

오오 : 서로 원수라도, 적이라도 따져보면 동일하군요.

사사 : 그렇느니라. 우리 모두가 지구란 사람에 들어있는 균들이니라.

오오 : 지구 말고 다른 사람들도 많을 테죠.

사사 : 그렇느니라. 먼저 자신부터 알고 자신을 사랑하면, 모든 걸 알게 되고 모두를 사랑하게 되느니라.

오오 : 적을 사랑함이 곧 적을 이기는 길이겠죠.

사사 : 그렇느니라. 또한 이기는 게 사랑이니라. 악연도 좋은 인연이니라. 사람 하나만도 복잡하지만, 따져보면 간단하느니라.

오오 : 바로 사본이니까요.

사사 : 존재 자체로도 존경받아 마땅하느니라.

오오 : 원수를 사랑해야 되는 이치가 바로 거기에 있군요.

사사 : 그렇느니라. 그게 진정 자신을 사랑함이고, 사본의 기쁨을 누리게 되느니라.

오오 : 사랑의 실체는 무엇이오니까.

사사 : 허허허. 욕심이니라. 습관적인 사랑도 관습적인 욕심이니라.

오오 : 좋아하는 것에 욕심이 내재되어 있다는 말씀

이군요. 자신을 보충하려는 욕심, 자기만 소유하려는 욕심, 서로 끼리만 나눠가지려는 욕심, 좋아하는 것에 차별을 두는 것이군요.

사사 : 그렇느니라. 그중에도 남들에게 바라는 거 없이 베풀려는 자기욕심도 있느니라. 원수를 사랑한다는 보상심리에서도 깨끗이 벗어난 깨달음의 무위일세.

오오 : 자신을 사랑하는 것이 간단하고도 어렵군요.

사사 : 그렇느니라. 그냥 있으며, 자연스럽게 좋아하면 되느니라. 의미를 찾지 마시게. 사본으로 충족하고도 남네.

오오 : 삼라만상이 사본이지만, 사본임을 깨닫지 못하는 무리들이 많군요.

사사 : 그렇느니라. 사람이 사람 되지 못하는 사람도 많느니라. 스스로 함정에 빠져있고도, 보면서도 보지 못하고, 들으면서도 듣지 못하고, 말하면서도 말하지 못하니, 애석한 일이로다.

오오 : 더욱 분발하여 알리겠나이다. 기쁨을 나누면 배가 될 테죠.

사사 : 행위에 연연하지 마시게. 스스로 그 행위에만 빠질 수도 있으니.

오오 : 가르침, 감사하나이다. 사본의 마음은 무엇이오니까.

사사 : 마음은 없느니라. 그 없음이 있느니라. 곧 이것이 소멸이라면 바로 생성이니라. 인간의 틀에만 박혀있지 마시게. 그러니 모든 것을 인간의 기준으로 보지 않느냐. 사본이니 사본으로 생각하시게. 그게 바로 사본의 마음이네. 허허허. 어렵게 생각하지 마시게. 그냥 자연스럽게 생각하시게. 때가 되면 자연스럽게 다 해석이 되네.

오오 : 알겠습니다. 제가 준비되면 다시 찾아오겠나이다.

사사 : 그러시게. 깨달음도 준비가 되어야하네.

2-2

구구 : 사랑도 자기보호와 자기만족에서 파생된 것이네. 자기만족이란 주로 자기를 재생산하는 것이 목표네. 인생이란 자식 낳고 살다가 죽는 것에 만족하는 무욕이 정의일세.

이이 : 자식이 없으면 남의 자식이라도 사랑하면 되는군요.

구구 : 그렇네. 어른과 아이의 구분뿐 너와 내가 없느니라. 자기 일을 사랑하는 것도 한 방법일세.

이이 : 사람이 죽고 나면 그만인데, 조상 탓을 한다든지 조상 덕이란 건 어떻게 해석하나요.

구구 : 조상 탓을 하는 거는 나지 않은 자식 탓을 하는 거나 마찬가지일세. 조상 덕이란 건 오랫동안 조상을 마음에 두었으니 그만큼 노력을 한 결과일세.

이이 : 마음에 두는 것도 섬기는 것이군요.

구구 : 그렇느니라.

이이 : 사부님. 영혼도 몸의 일부라 하지 않소이까. 사부님께서 누누이 말씀하셨듯이, 만일 천국에 이 의식을 지니고 간다면 천국이 지옥보다 나은 게 없다고요.

구구 : 그렇느니라. 천국에 가서 사랑하는 이를 찾는다고 하자. 어떤 이는 지옥에 있으면 천국에 있는 자신이 과연 천국에 있겠느냐. 어떤 이는 다른 사람과 행복하게 산다면 자신이 어찌 천국에 있느냐. 혹 사랑하는 이를 죽인 원수를 천국에서 만나면 이승에서처럼 용서가 되겠느냐. 그래서 다른 의식과 다른 옷을 입는다하지만 그게 어찌 자신이련가. 정말로 귀신으로 맴도는 것이지. 허허허.

이이 : 그러나 막상 죽고 나서 이 의식이 없어질 걸 생각하니 슬프고 허망하게 느껴지네요.

구구 : 슬픔은 없네. 허망한걸 아는 게 바로 기쁨으로 승화되시네. 허허허. 사본을 알고 죽으면 죽을 때 기쁨의 희열을 누리느니라.

이이 : 그 희열이 영원하리라 믿는군요.

구구 : 순간이 영원으로. 바로 그 말이니라. 그 희열 뒤론 영원한 안식의 일부가 되느니라. 누구나 다 무

엇이든 다 동참하느니라.

이이:그래서 영혼을 팔아서 천만금을 얻는다는 것은 소설에 지나지 않는군요.

구구:허허. 복권당첨을 각색한 것이로세. 허망을 기쁨으로 전이치 못하고, 단순하게 다른 허망을 지어내는 것일세. 악마의 탄생 이유처럼. 허허허.

2-3

허리 : 이 마을이 사라진다면 어떡하나요. 저는 어찌하란 말인가요. 이 나라가 사라진다면 어떡하나요. 정말 어찌하란 말인가요. 이 지구가 사라진다면 어떡하나요. 과연 내가 죽는 것인가요.

머리 : 모든 걱정을 놓아두시게. 자네가 죽으면 마을이 사라지더라도, 자네가 죽어서 나라가 사라지더라도, 지구가 사라져서 자네가 죽어도, 변할 것은 없네. 어떻든 지금은 마을도, 나라도, 지구도 사라지지 않네. 나중이더라도 뭔 상관이 있단 말인가.

허리 : 관계없는 존재는 없지 않나이까. 사부님.

머리 : 자네 혼자 죽던, 모든 인류가 같이 죽던, 자네의 죽음에는 차이가 없네. 그러니 자네 혼자 살아있던, 모든 인류가 살아있던, 설혹 자네만 빠져있더라도, 존재하는 건 아무것도 없네. 오직 사본뿐이네.

그러므로 다 존재하네. 삶이든 죽음이든… 그 변화는 변화일 뿐이네.

허리 : 사부님께서 유고시 어떤 문제에 봉착했을 때 해결점은 어디서 찾으오리까.

머리 : 사본 안에 다 있느니라. 찾으면 그곳에 뚫려 있느니라.

허리 : 사부님. 제 아이에게 들려줄 말이라면 무엇이 좋겠나이까.

머리 : 잔. 잔이니라. 그녀가 버린 잔이더라도 그녀가 소중히 다루는 잔이더라도, 그 잔에 무엇이 담기느냐가 더 중요하느니라. 독이 담기면 독잔이고, 약이 담기면 약잔일세. 그러니 항시 잔 자체를 보기보다는 잔에 무엇을 담을 것인가를 고심하시게.

허리 : 알겠나이다. 잔. 아주 많은 적용이 되겠군요.

머리 : 그렇느니라. 잠은 깊이 들수록 좋다하지 않느냐. 그런데 어느 날 일어나지 않으면 그게 죽음이니라. 그래서 잠이 얕게 드는 게 한편 안전해서 좋은가. 그렇지는 않느니라. 낮의 번뇌를 밤까지 이을 이유는 없네. 여하튼 죽음도 삶도 아무것도 아니니라. 그게 바로 버린 잔이든 간직한 잔이든 상관이 없다는 말이네. 바로 죽음에 무엇을 담을 것인가, 그 말

이네.

허리 : 정말 그러하옵니다. 사본에 사본을 담는 거니, 가장 간단하면서도 가장 어려울 수도 있겠군요.

머리 : 그렇네. 고개를 들더라도 눈이 감겨있으면 하늘을 볼 수가 없네. 누구든지 눈만 뜨면 하늘을 보는 것보다 쉽다네. 잔에다 자연을 담으시게.

허리 : 잔. 깊이 명심하겠나이다. 딱 한마디로 잔.

머리 : 허허허.

허리 : 사부님. 삶을 아름답게 하는 비법이 따로 있나요.

머리 : 허허허. 마감은 다 아름다우니라.

허리 : 득도면 귀로가 없어지고, 귀로가 없어지면 낙도 없어지는가요.

머리 : 혀맛은 없어지더라도, 맘맛은 부풀어지네.

허리 : 마음의 맛을 모르니, 혀로 싸우죠.

머리 : 싸우지들 마시게. 사랑할 힘도 부족한데, 왜들 싸우시나. 초반에 긍정해주면 서로가 좋은 걸세. 왜 사랑할 힘을 싸우는데 허비하려나.

허리 : 불평하는 재미로도 싸우나 봐요.

머리 : 거지가 되고픈 사람도 있겠지.

허리 : 호호호.

머리 : 남이 하면 불륜이고 자신이 하면 사랑이듯이, 남이 어려운 환경에 처하면 수양할 수 있는 좋은 기회라 달랜다. 자신이 그런 처지에 놓이면, 끊임없이 수양하는 데도 이렇게 열 받고 짜증나는데 저놈들이 해도 너무하지 않는가, 핑계되지만 왜 좋은 기회라 역설하지 못하는가. 어떤 경우엔 상황이 바뀐게 아니라 자신이 바뀌었느니라. 절박한 심정에서 벗어났다던지, 넓은 마음이 좁아졌다던지, 깊은 영혼이 얄아졌다던지, 느린 성격이 빨라졌다던지. 아무것도 하지 않는 것이라곤 없다. 변하지 않는 것이라곤 없지만, 변하는 것도 없다. 뭔가 다른 것이란 뭔가도 실재하지 않는다. 마찬가지로 아무것도 아니란 사람도 어떤 사람이며, 어떤 경우도 아무것도 아니란 말이지.

허리 : 어렵네요. 한마디로 사본이겠죠. 호호호.

머리 : 잔이 넘치네. 허허허. 내 자신의 분신이 아니라, 내 자신이 다른 곳에 편재해 있느니라. 한 마리의 개미로, 한 마리의 멸치로, 한 마리의 나비로도 있을 수 있느니라. 전생이 아니라, 후생이 아니라, 한 인간으로서 같은 시대에 어느 곳에 살고 있는지도 모르느니라. 그러니 이유 없는 살생은 하지 말며, 어린 생물

은 보호하여야 하느니라. 어떤 곳의 내 자신이 굶어 죽어 가고 있는지도 모르니, 내 자신인 그 자신을 위해서도 이유 있는 살생은 허용하여야 하느니라.

허리 : 사부님. 훗날에도 일부일처는 고수될까요.

머리 : 물론이네. 결혼이란 서로 합의한 계약일세. 계약은 지키기 위한 것일세. 국민이 나라를 배반하면 국법으로 다스리듯이, 가족을 배신하는 행위는 구성원으로서의 자격을 스스로 박탈하는 것일세.

허리 : 근간에 부부끼리 공등으로 행하는 외도는 묵인이 되오리까.

머리 : 아닐세. 이미 가정이란 의미를 포기했으니, 가족이란 굴레도 해체하는 게 더 나을 거네. 자식이 있는 부부는 부모이기를 포기하였으니, 먼저 부부의 연부터 풀어야하네.

허리 : 이혼이 능사는 아니더라도 차선책은 되는 군요.

머리 : 그렇네. 영원한 것이라곤 사본밖에 없으니, 그 외는 합의로서 정리가 되네.

2-4

다리 : 인생이 허무합니다.

사리 : 천만이네. 그게 다 욕심이니라. 하루하루가 가치 있는 데, 수십 년 삶이 왜 무상하단 말인가. 나무만 보지, 숲을 보지 못한다더니. 숲은 보면서도 나무를 보지 못하니. 한 마리의 암소가 계란 10개보다 못하단 말인가.

다리 : 결과만 따져서 그렇습니다. 과정은 잘 즐겨 놓고요. 많은 기쁨을 한 결과로 부정될 순 없는데 말입니다.

사리 : 그렇네. 결과만 좋다고 과정의 아픔을 잊어선 안 되네. 인류의 문명과 문화도 욕심이 원인이니라. 어떤 결과도 나중엔 달라지네. 좋은 결과가 나쁜 결실로, 아픈 결과가 기쁜 결실로. 부분에 얽매이지 마시게.

다리 : 예. 전체를 보면서 기다리죠.

사리 : 그렇게 하시게. 그러나 미룸과 기다림은 구별하시게. 내일은 없네, 오늘만 있네.

다리 : 내일로 미루지 않겠습니다.

사리 : 그러시게. 오늘 지금 안에 모든 과거와 미래가 들어있으니, 지금 무엇을 하던 충실히 하시게.

다리 : 지금 똥을 누고 있더라도…

사리 : 그렇네. 낮잠을 자고 있더라도…

다리 : 하품을 하는 중이라도…

사리 : 그게 인생이며 기쁨이니라.

다리 : 사주팔자는 시를 잘 타고나야 된다는데, 죽는 것도 시를 잘 타야 되나요. 비록 팔자라는 게 정해진 운명이 아니라 스스로 만든다 하지만요.

사리 : 허허허. 시를 잘 타고나는 것도 환경적 요인이라 틀린 말은 아니지만, 제 아무리 타이밍이 좋아도 준비되지 않은 사람에겐 무용지물이네. 한 죽음에 남은 이들이 보기엔 망자의 죽음 타이밍으로 큰 복이 되기도, 큰 해가 되기도 하네. 그것도 준비가 된 사람에겐 복이 복이 되고, 준비가 되지 않았으면 복이 해가 되기도 하네.

다리 : 준비라면 무엇이든 충실히 하면 따른다는 말

씀이죠.

사리 : 그렇네. 무엇이든 기쁨으로 여기시게.

다리 : 그러면 사주팔자를 볼 필요가 없군요.

사리 : 그렇네. 그 노력으로 자신을 되돌아보고, 주위를 둘려보면 답이 다 있느니라.

다리 : 명심하리다.

사리 : 모든 것을 자네가 행하고 자네가 거두네. 절망에 봉착해서 비열한 체념이든 용감한 포기이든, 원래 없었던 것이란 핑계든, 먼저 욕심을 버리시게. 그리고 스스로 깨달으시게. 모든 것을 자신이 행하고 자신이 거둔다고. 어떤 경우라도 최선을 다하시게. 과정이 중요하네. 바로 삶이 과정이지 결과는 아니기 때문일세. 결과론 기적이든, 당연이든, 우연이든, 그건 행운을 얻는 것도 불운을 겪는 것도 아닐세. 단지 삶일세. 100미터 달리기 시합을 하더라도 여유를 가지시게. 9초라는 엄청난 시간이 있네. 1에서 45까지 세기도하고, 다섯 번은 생각하고, 두 번은 결정할 수 있는 시간일세. 실제는 어떤 삶에도 결과는 없네. 애초부터 원인도 없었네. 사본으로서의 변화뿐일세. 그러니 인생살이에서 겪는 순간순간의 결과는 한 과정의 과정에 지나지 않네. 그러니 기쁨으로 버리시

게, 욕심을.

다리 : 아직까진 때가 아니니다. 때완 상관이 없다. 그런 시간의 상념으론 차라리 죽을 때까지 공부를 하겠나이다, 사본을.

사리 : 지옥은 입에 있고, 천국은 눈에 있네. 비교 없인 경쟁이 없고, 비교로 분노가 발생하네. 아픈 사람을 보면, 건강 하나만으로도 행복하네. 무식한 부자들을 보면, 모든 부자들을 부정적으로 보고 싶어 하는 것도 제가 포함되지 않아서 그렇넜니라. 사랑도 욕심이라, 사랑의 아픔이 큰 만큼 욕심도 더 컸노라.

다리 : 예. 그렇군요.

사리 : 지옥은 몸에 있고, 천국은 마음에 있느니라. 그 시절에 그런 주위여건만 아니었다면 더 즐거웠을 텐데, 하는데 그 상황이 지금이라면 어찌 하겠느뇨. 기쁘게 이 시절을 보내시게. 예를 들어 학창시절에 생활여건만 좋았으면, 하는 아쉬움도 있는 것 보다 없는 것에 허무해서 그렇느니라. 돈이 없어 학교도 못가고, 아파서 학교도 못가는 경우도 있느니라. 가장 절망적이더라도 그 순간을 기쁘게 맞으시게.

다리 : 행운의 당첨인가요. 자기개발의 시기로 말입니다.

사리 : 허허. 슬픔과 분노로는 그 상황이 개선되기 보다는 더 악화되기 십상이로다. 지금의 느낌에 기쁨을 보태시게.

다리 : 아픈 인연에도 희망적이군요. 기쁨으로.

사리 : 지금 이 순간에 밝은 미래가 이미 펼쳐져있노라.

2-5

가나 : 사부님. 죽음 근본이란 글자체로서의 死本을 풀이하여 주옵소서.

오나 : 사람은 누구나 살다가 죽는다. 생물은 무엇이나 살다가 죽는다. 끝이 없을 것 같지만, 전에 태어났듯이 지구도 언젠가 죽는다. 물론 태양도 때가 되면 식는다.

가나 : 막막하군요.

오나 : 이 우주도 태어났듯이 언젠가는 죽는다.

가나 : 우리는 그 없이 허망한 사실을 잊고 사는군요.

오나 : 그렇네. 우리가 일컫는 생물만이 생물이 아니네. 커다란 바위도, 흐르는 강물도 생명이 있느니라.

가나 : 존재하는 모든 게 생물이군요.

오나 : 그렇네. 바람마저.

가나 : 존재하는 건 모두 죽기 마련이란 말씀이군요. 그러면 이 우주가 태어나기 전의 존재는 무엇이며, 이 우주가 죽고 나서의 존재는 무엇인가요.

오나 : 불같은 공기며 물 같은 흙으로서 한마음 같아 첫 하나라고도 하셨지. 한마디로 그게 바로 사본이며, 현재 모든 것의 존재도 궁극적으론 사본이네.

가나 : 도로, 집, 옷도 살아있군요.

오나 : 그렇네. 인류의 문명이란 게 파괴와 죽음의 향연이네. 자연물도 지진에 사라지고, 인위물도 해일에 사라지네. 무엇으로 무엇이 사라지던, 다시 무엇이 생기니 다 사본이네. 또한 존재하지 않는 것도 사본이네. 우리의 생각마저 사본이듯이. 사본이 죽음의 근본이고 곧 죽음의 근본이 삶의 근본이네. 그러니 죽어도 죽지 않네.

가나 : 바로 영원한 삶이군요.

오나 : 그렇네. 그게 바로 기쁨이네. 그런데 더러 그 충만한 기쁨을 잊고 산다네.

가나 : 어리석은 사람들이군요.

오나 : 그렇네. 꿈에선 말도 되지 않는 일들이 이루어지듯이, 현실에서 현명하게 산다는 게 오히려 억지부리는 짓거리로 되기도 하네. 찬찬히 돌아보면 우스

운 게 많다네. 그러니 참다운 기쁨을 누려야하네.

가나 : 가르침과 배움도 기쁨이군요.

오나 : 죽음과 삶도 기쁨이듯.

가나 : 전생이란 것도 생물만이 아니라 돌이나 바람일 수도 있군요.

오나 : 핵심일세. 무존재의 사본이 전생인 위인도 있네. 허나 큰 분이든 작은 분이든 그 평가도 기쁨의 한 톨에 지나지 않네. 기쁨은 기쁨자체로 충분하네.

가나 : 오는 건 다 가고, 가는 건 다 오는군요. 손해날게 없으니, 두려울 게 없군요.

오나 : 부분적으로 보면, 불공평한 세상마저 바로 평등일세. 일하나 안하나 모두 다 똑같다면 그게 불평등이지. 바로 사본을 알고 공부하는 거와, 모르고 사는 거완 크나큰 차이지. 슬픔에서 기쁨과 절망에서 희망을 건지는 거와 웃음에서 분노와 행복에서 파괴를 얻는 차이처럼.

가나 : 네. 거지가 돈 더 달라고 떼를 쓰는 거와 부자가 적선을 더 못해서 송구해하는 거는 커다란 차이죠. 항시 몸가짐을 사본의 바탕으로 가다듬겠나이다.

오나 : 그러시게. 항시 만족하시며.

가나 : 네. 목표는 높게, 비교는 낮게 하리다.

오나 : 비교는 안하는 게 좋긴 하네. 어떤 돌멩이가 큰 바위를 부러워하랴. 어떤 돌멩이가 제가 처한 위치에서 다른 돌멩이의 위치를 부러워하랴. 몰라서 안 하는 게 아니라, 안 해서 만족하느니라.

가나 : 사실 인간의 관점에선 어떤 인간도 구더기보단 낫죠. 구더기 입장에선 반대겠죠.

오나 : 허허허.

2-6

이이 : 사형님. 사랑으로 아껴서 보호하기도, 독선적인 사랑으로 꽃을 따기도 가지를 꺾기도 합니다. 꽃나무의 고통이 있지 않겠소이까.

구구 : 나무도 마음이 있으니, 왜 고통이 없겠느냐.

이이 : 사람과 똑같은 고통인가요.

구구 : 마음이 다르니, 고통도 다르네. 허나 서로의 느낌이 달라서 짐작은 못할 것이나 비슷하다고 보면 되네, 눈이 없는 곤충은 더듬이로 진행을 이어가듯. 목표로 가는 건 틀린 게 없네. 걸어서 가든, 기어서 가든. 그러니 목표가 있는 게 숭고한 작업일세.

이이 : 궁극적인 목표는 사본입니다.

구구 : 사제님. 사본은 목표가 아니라 사본 자체이니라.

이이 : 꽃나무에서 보면 꺾는 사람은 악마고, 그런

사랑은 파괴이군요.

구구 : 허허허. 비약하지 마시게. 나무는 오랫동안 제자리를 지켜 와서, 집착하지 않고 관조하느니라. 다람쥐도 사람도 새도 애완동물과 다름 아니니라. 고통의 느낌, 사뭇 다르니라. 물 흐르듯이 흘려버리네, 햇살을 전신에 훑어버리듯이. 늘 감사하며 지키느라. 그들의 신앙도 존중하라. 그들의 존경심도 존중하라.

전자 : 할아버지의 할아버지를, 손주의 손주를 배려하는 길은 사본뿐인가 하노라.

후자 : 사람이 죽음이랴. 이제 껍데기를 버릴 때가 되었노라. 가면 고르기도 그치고, 이 막은 빗물과 함께 내리네.

전자 : 멀미하는 새처럼 갈 날만 기다리는 놈이련가.

후자 : 사형. 답답하오.

전자 : 사제. 무엇이든 쉽게 생각하시게.

후자 : 모든 것이 사랑으로 답답해지는 거 같으오.

전자 : 사람들이 꽃을 사랑하는 것처럼 생각하시게.

후자 : 이 꽃도 사랑하고, 저 꽃도 사랑하듯이 말입니까. 시든 꽃을 사랑하는 이도 있듯이 말입니까.

전자 : 그렇네. 꽃을 사랑하는데 의미를 부여할 수도 있고, 아무런 의미도 없을 수 있듯이, 사람들의 사랑에도 의미를 부여하기도 하고 아무런 의미가 없을 수도 있네. 그냥 꽃을 사랑하는 것처럼 말일세. 꽃에서 영혼을 찾지 마시게. 이미 꽃 자체가 영혼일세. 꽃에서 눈물을 찾지 마시게. 이미 꽃 자체가 눈물일세. 영혼의 눈물이든 눈물의 영혼이든 다 기쁨의 한부분일세.

후자 : 삶과 죽음도 마찬가지네요.

전자 : 그렇네. 한 송이 꽃의 죽음으로 생각하시게. 한 송이 꽃의 탄생으로 생각하여 한 송이 꽃의 삶과 죽음은 있어도, 꽃나무의 삶과 죽음은 없네. 그냥 꽃이네.

후자 : 한그루의 꽃나무를 사본으로 비유하시는군요. 정녕 사본뿐이라.

전자 : 허허허. 모든 이는 다 천사이니라. 하늘로 날아다니기도 하는 바로 그 천사이니라. 거리에서 자주 만나는 천사이니라. 모든 이의 미소가 다 천사의 미소이니라. 누구의 조그만 도움이 다른 이에겐 커다란 은혜이니라. 그 은혜를 베푸는 분이 어찌 천사가 아니겠는가. 그러니 모든 이에게, 모든 천사님

들에게 고개 숙여 감사드리네. 이것이 곧 모든 이의 기쁨이네.

후자 : 무자식이 상팔자라 하지 않소이까. 우리가 태어나기 전의 상태인 고요한 평화, 사본이 아니옵니까. 죽으면 고요한 기쁨, 사본으로 돌아가지 않소이까.

전자 : 태어나지 않았으면 좋을 걸, 그게 함정이자 바로 해답이네.

후자 : 머나먼 섬으로 유배된 상태라면, 세월마저 속절없이 수없는 파도처럼 흘렀다면 그는 이미 잊혀진 존재아니리까. 그럼 죽은 이와 진배없지 않소이까. 모든 이에겐 죽어있으나 진실로 그는 살아있지 않소이까. 그러니 정말로 죽어있다 하더라도, 그건 잊혀지지 않는 삶의 일부분에 지나지 않는 죽음에 지나지 않소이다.

전자 : 사본은 영원하느니라. 하하하.

2-7

땅 : 행복은 멀리 있는 게 아니오. 자신의 마음을 추스리면 바로 그곳에 있소이다. 병도 약이라 생각하시오. 누구에게나 자정능력이 있소이다. 태어남과 죽음이 자정능력의 표본이오.

하늘 : 사형님. 사부님은 언제 오시나이까.

땅 : 곧 오실 겁니다. 사제님.

하늘 : 까마득한 옛날 제가 소년시절에 뵈어서 사부님을 알아볼 수가 있을까 염려스럽습니다.

땅 : 전 본 적도 없지만 알아볼 수 있으리라 믿소이다.

하늘 : 사부님이 절 못 알아보시면 어떡하오리까.

땅 : 죽도록 사랑했던 남편과 아내간이라도, 끔찍이도 아꼈던 부모와 자식간이라도 다 스치는 인연이오이다.

하늘 : 바람 같은 존재이오리다.

땅 : 떠난 사람도 잘 살고, 남은 사람도 잘 살아야 하오.

하늘 : 바람 같은 부재이오리다.

이름 : 바람이 자고 있네.

하늘 : 사부님.

땅 : 사부님.

이름 : 닿은 인연은 인연이 아니고, 닿지 않은 인연이 인연일세.

하늘 : 사부님.

땅 : 사부님.

이름 : 부름이 부름이 아니고, 다다름이 다다름이 아닐세.

하늘 : 사부님.

땅 : 사부님.

이름 : 이름이 이름일세.

하늘 : 사부님.

땅 : 사부님.

2-8

무늬 : 소생은 부모님이 정말 싫사옵니다.

름 : 방금 입문하신 걸 먼저 축하드립니다. 그리고 딸을 겁탈한 아버지가 아니고, 아들을 팔아먹은 어머니가 아니라면, 제 부모님을 잘못 만났다는 그 분별력만 있어도, 그 능력을 갖게 한 부모님께 감사드릴 수 있습니다.

무늬 : 더하여 아내도 못마땅하외다.

름 : 부부간이든 부자지간이든 다 제 하기 나름입니다.

무늬 : 모든 게 싫사옵니다. 여기가 좋다는 소문을 듣고 왔답니다.

름 : 허허. 잘 찾아오셨소. 허허. 잘못 찾아오셨소.

무늬 : 알겠사옵니다. 그리고 모르겠사옵니다. 그만 나가려고 하옵니다.

름 : 아직 들어오시지도 않았고, 벌써 나갔사옵니다. 길거리에 있는 누구에게라도 배울 점이 있습니다. 스스로 공식을 만들어서 배울 수도 있습니다.

무늬 : 뭘 배우기 전에 제 아픔이 너무 큽니다.

름 : 다른 이에겐 아픔을 머리로 나누지만, 가족끼린 마음으로 나누니깐 힘든 게 당연하외다. 그래서 사람들이 사본으로 모입니다.

무늬 : 사형님도 설익은 과일입니다.

름 : 그렇습니다. 사제님과 마찬가지죠. 아직 떨어지지 않은 열매죠.

무늬 : 아직 희망이 있다는 말씀이지만, 그건 사형님이 절 몰라서 하시는 말씀입니다.

름 : 물론 모릅니다. 우리가 볼땐, 풀 한포기, 물 한방울, 모래 하나 한날 다같이 보이지만, 그들에겐 우리들이 한낱 다같이 보입니다.

무늬 : 전 모든 걸 포기하였습니다. 그 어떤 것도 절 막지를 못합니다.

름 : 삶이란 아무것도 아닙니다. 또는 아무것도 아닌 게 아니기도 합니다. 사본으로 보면 아무것도 아니고, 아니면 아무것도 아닌 게 아니기도 합니다. 어떻게 사느냐, 그것도 아무것도 아니고, 아닌 게 아니

기도 합니다. 사본을 모르면, 살려고 허우적대기만 하다가 사실은 살지 못하고 죽습니다. 사본에선, 살려고 하지 않더라도, 죽더라도, 영원하고 평화로운 삶을 삽니다.

무늬 : 그 부분이 제게 믿기지 않습니다. 한낱 말장난에 지나지 않는지…

름 : 허허. 그렇소이다. 제가 아직 부족하여 더 배워야 합니다.

무늬 : 사부님을 뵙더라도 마찬가지 아닐까요.

름 : 하늘이 아무리 넓더라도 제가 눈을 감으면 보이지 않습니다.

무늬 : 눈을 감더라도 하늘이 보입니다.

름 : 그건 기억의 일부분입니다. 장님에겐 하늘이 보이지 않습니다. 사본을 모르면 장님과 마찬가지죠. 진리를 볼 수 없습니다.

무늬 : 속물이란 중생이 도사님보다 더 깨끗할걸요.

름 : 그렇습니다. 때를 벗기다보면 애초에 때를 벗기지 않은 이보다 더 추해보입니다.

무늬 : 속세인 나의 세상으로 돌아가렵니다.

름 : 크리스마스든 연등놀이든 의미에 개의치 마시고 그들과 함께 맘껏 즐기십시오. 스스로 의미들이

녹아서 사본의 일부분으로 남습니다. 그리고 사제님의 아픔은 사제님 스스로 알에서 깨뜨려 나오십시오. 그러면 사제님 가정사 아픔도 말끔히 지워져, 훗날 아스라한 기억으로 떠올려 즐기기도 할 겁니다.

무늬 : 다시는 여기로 오지 않습니다.

름 : 그러십시오. 이미 가셨고, 벌써 돌아오셨습니다.

2-9

음 : 사부님. 죽음의 근본 사본은 있는데, 삶의 근본 생본은 없나이까.

유리 : 허허허. 말이란 무엇이든 가능하느니라.

음 : 사부님. 뜻풀이론 사본보다 생본이 더 나은 듯 하옵니다.

유리 : 말에서의 뜻풀이는 음식을 보는 거와 같느니라. 진정한 뜻풀이는 음식을 먹고 나서 느껴지느니라. 듣기엔 생본이 나은 듯 하지만, 불변의 진리는 사본이니라. 생본이란 끝없이 끄달리며 그치지 않는 게 삶의 근본이니라. 그 끄달림이 나쁘다는 건 아니네. 그러나 잘못 해석하면 싸움의 근본으로 여기게 되느니라. 생본도 사본 안에 있으니, 생본도 한 기쁨이지만 사본처럼 무한한 기쁨은 아니니라. 무자식이 상팔자라는 소리가 근거 없진 않느니라. 지도자가 자식을

거느리면 대중을 편애하는 걸림이 되느니라. 허나 그 마음에서 벗어나면 한 생물로서 갖는 기쁨을 스스로 억제하진 않느니라. 모든 걸 걸림 없이 흘려보내니까. 따라서 무전이 상팔자라는 소리도 생겨나느니라. 돈이 없어도 삶에 불편하지 않고, 끄달림이 없다면 그게 최상의 자리이니라. 돈이란 인간이 만든 편리한 도구로서 한 약속에 지나지 않느니라. 돈은 많든 적든 끄달림에 시달리게 사는 근원이니라. 그 한 지혜에 전체 지혜를 버려선 안 되느니라. 그렇다고 무작정 돈을 배척해선 굶어죽지 않겠느냐. 그러니 무작정 아이 낳기를 배척해선 한 진리로서 전체 진리를 버리게 되느니라. 버릴 것은 우선 제 마음이니라. 그러면 자연의 마음이 담기느니라. 자네가 삶을 생각하는 순간엔 이미 자네가 죽어있고, 자네가 죽음을 생각하는 순간엔 여전히 자네가 살아있다네. 이와 같이 생본은 사본의 진경을 울리게 하느니라.

2-10

△△ : 잠자고 싶다.

□□ : 무작정 기도보단 냉정한 명상으로 지금의 자신을 돌아보시게. 그나마 최선에서 미처 빠뜨린 게 있는가.

△△ : 잠자고 싶다.

□□ : 자신만 우기면 나중에 웃기기 밖에 더 하겠느냐.

△△ : 잠보고 싶다.

□□ : 낚시와 같느니라. 잡으면 좋고 안 잡으면 더 좋느니라. 고기보단 정신을 잡는 게 더 좋느니라.

△△ : 잠 먹고 싶다.

□□ : 모든 것을 아는 것은 아무것도 모르는 거와 같느니라. 모든 힘을 가진 것은 아무 힘도 없는 거와 같느니라. 사람은 눈으로 보고, 어떤 동물은 더듬이

로 보고, 어떤 것은 아무것도 없지만 다 아느니라. 아는 것도 안다고 하지 않으니 전연 모르지 않느냐. 삶도 죽음 안에 있고, 죽음도 삶 안에 있고, 삶도 죽음과 같고, 죽음도 삶과 같으니라.

△△:잠 맡고 싶다.

□□:사본은 살아있는 죽음이니라.

△△:어찌하면 살아있는 죽음으로 될 수 있으리까.

□□:공부를 하시게. 계속, 계속, 계속.

△△:거기에도 해답이 없었어요.

□□:해답을 찾을 수 없을 때가 있다. 싯달타가 오랜 고행에서도 깨달음을 얻지 못하였지 않는가. 해답이 없는 게 정답일세. 기다리게. 참고 기다리시게. 연륜이 생기던지, 주위 여건이 성숙하면 스스로 체득할 것일세.

△△:잠자고 싶다.

□□:각 존재는 그들의 존재 양태로 그들의 느낌이 있네. 어떤 위대한 사람이라도 보잘것없는 한 개미보다 나은 게 없느니라. 어떤 존재는 언젠가 무존재가 되고, 무존재는 어떤 시기에 한 존재가 되느니라. 그러니 무존재도 없고, 존재도 없느니라. 단지 사본만 있을 뿐이니라.

△△ : 잠자고 싶다.

□□ : 시간이 절대자로 보이기도 한다. 시간만 조종하면 죽지 않고, 죽은 사람도 살려내고, 엄청난 재물도 마음대로 모을 수도 있다. 그러나 절대자도 없듯이 실제 시간도 없느니라. 단지 흐름만 있을 뿐이니라. 거꾸로 흐를 수는 있어도 시간이란 개념으로 보지 마시게. 시간여행이 가능하다면 자네는 이미 태어나지도 않았느니라.

△△ : 그 흐름도 없는 거군요, 우리가 느낄 뿐.

□□ : 그렇느니라. 사본의 숨일 뿐이니라.

2-11

단지 : 부모를 죽인 원수는 어떻게 갚아야 하나이까.

운자 : 간단하네. 자네가 누구에 의해 죽었다 가정하면, 자네 자식들이 그 원수를 갚는다고 그들의 인생을 망치길 원하는가.

단지 : 아니옵니다.

운자 : 바로 답이 거기에 있지 않느냐. 자네 부모가 돌아가셨다하자, 자네가 살기 힘들어 원수 갚는 다는 핑계로 자네 운명을 제한시키지 마시게. 그건 부모의 뜻도 아니고, 약자의 변명에 지나지 않네. 마지막 낭떠러지에 처하였더라도 스스로 패자는 되지 마시게. 그 힘을 모아 기쁘게 살면 그게 부모의 바램이시고, 원수를 갚는 길이네. 그 원수도 불쌍한 인간일세. 집착을 버리면 평안을 얻느니라.

단지 : 애초에 그런 일이 없었으면…

운자 : 아이에게 어릴 때부터 죽음을 아르켜 주시게. 순환하는 자연의 한 과정으로. 죽음이 공포의 대상은 아닐세. 공포가 아니니 삶은 더 기쁨이네. 아이가 죽음을 알면 삶도 고귀한걸 알며, 무엇보다도 마음의 상처를 깊게 하여 돌이킬 수 없는 상태로 만들진 않네. 자연스럽게 죽음을 토론하면 그들의 마음도 한결 가벼워져 무엇이든 상담을 하니, 정신병이 자리 잡기 전에 치유가 되네.

단지 : 정말 살아있는 게 힘들면 어찌 하오리까.

운자 : 여행을 떠나시게. 어디든지.

단지 : 정말 답답하군요. 어디 용한 점쟁이라도 찾고 싶은 심정이군요.

운자 : 사주는 보지 않는 게 사주이니라. 길과 답은 이미 제자신 안에 있느니라. 미래를 예측할 뿐이지, 미래를 본다면 그 미래는 이미 존재하지 않느니라. 자네가 존재할 수 없는 이치이니라. 자네의 가치보다 높은 건 이 세상에 없느니라. 그러하니 사주는 자신이 만드는 것이니라.

단지 : 막막하군요.

운자 : 새로운 삶의 시작일세. 살아있는 사람은 외롭더라도, 사람은 살아있기에 외롭지 않네. 사본의

사람은 기쁨이나, 사람의 사본은 기쁨이 아닐세.

고생 : 사본을 모르면 다 감옥이니라. 어느 인간이 지구를 벗어날 수 있겠느냐. 지구에서 감옥살이 하지 않느냐. 어느 존재가 우주를 벗어날 수 있겠느냐. 다 우주에서 감옥살이 하지 않느냐. 그 감옥을 아는 것도 다 마음이니라. 그 마음도 조그만 몸에 갇혀있지 않느냐. 그래서 진정한 자유는 스스로 사본으로 깨우치는 걸세.

은자 : 당신의 아버지는 자신의 아버지를 믿지 않겠느냐. 그 아버지도 자신의 아버지를 믿지 않겠느냐. 그 믿음은 끝없이 올라가느니라. 어느 한순간에 그 믿음이 잘렸겠느냐. 그러니 당신은 믿음의 한 뭉치이며, 한 하나님일세.

고생 : 누구나 행복할 권리가 있는 만큼, 불행할 의무도 있느니라. 그 불행이 본인에게 오지 않는다면 남의 불행을 덜어줄 의무가 있느니라. 행복이란 것도 다 마음먹기에 달려서, 행복한 권리를 찾을 땐 스스로 준비가 되어있어야 되느니라. 사본을 알면 자연적으로 마음이 편안하니, 항시 행복할 수 있느니라. 예전엔 드넓은 허공에 내 자신이 빨려드는 느낌이었소.

이제는 드넓은 허공이 내 마음으로 가득하더이다.

은자 : 사람들은 다 부족하기 때문에 뭔가 채우려고 욕심만 부리노라. 욕심으로 다가가면 부족함만 드러나 보이느니라. 서로 나눠주면 서로 채워지느니라.

2-12

이유 : 별은 별 모양이 아니다.

자문 : 별 모양의 별이 있을까.

자리 : 있다네. 그 별에선 아주 재미나게 산다네. 삶이 장난이고, 장난이 삶이 다네.

이유 : 별은 별 모양이 아니다.

자문 : 별 모양의 별이 있다네.

자리 : 각양각색의 별이 있다네. 각양각색의 존재들이 있다네. 수없는 마음들이 서로 이해하며 지낸다네.

이유 : 별은 별 모양이 아니다.

자문 : 별은 별 모양이 다 있다네.

자리 : 모양은 더 이상 모양이 아니네. 믿음은 더 이상 믿음이 아니네. 죽음은 더 이상 죽음이 아니네.

자자 : 이 세상은 살아있는 사람들의 잔치판일세.

자리:쓰지 않는 영혼은 얼음이네. 죽은 아기의 영혼은 사본으로 쉬이 녹으며 등화되네.

3-1

자자 : 그들의 신앙도 존중하시게. 그들의 존경심도 존중하시게. 기실 믿음에는 그렇게 되기를 바라는 욕심이 내재되어 있느니라.

이무 : 제 남자도 상당히 크답니다.

자자 : 이 세상에 혼혈아닌 사람이 어디 있느냐. 사제에겐 흑인의 피가 조금 더 섞였느니라.

이무 : 그 남자가 힘이 없답니다.

자자 : 이 세상에 마음 섞이지 않은 사람 어디 있느냐. 갓난아기도 피가 섞여있듯이, 마음이 섞여있으니, 태교가 중요한 이유가 거기 있느니라.

이무 : 교육이 힘이란 말씀이군요.

자자 : 그렇느니라. 물때란 것도 물에 다른 성분이 담겨졌다 남는 것이니, 물때란 없느니라. 바람이 지나가면 먼지가 남지만, 바람에 먼지는 없느니라. 곧

마음은 마음뿐이니, 마음에 낀 먼지를 털어내시게.

이무 : 섞인 피와 섞인 마음을 먼저 인정하고, 밝은 마음을 유지하는 교육을 이어가면 힘이 생긴다는 말씀이군요.

자자 : 그렇느니라. 섞인 게 힘이니라. 순수한 물자체론 힘이 아니니라. 순수자체란 제자신의 속임수이느라. 다 알고 있음은 모르는 거와 같느니라. 모르는 거를 알면 그게 힘 자체이니라.

이무 : 자살은 어떻게 생각하시옵니까.

자자 : 한마디로 문이노라. 제자신이 문을 열고 이 세상에 나온 게 아니니, 문이 닫길 때까진 사본을 따르며 사시게.

이무 : 그게 힘이군요.

자자 : 그렇느니라. 힘이 기쁨이니라. 힘에도 때와 먼지가 없느니라. 단지 섞였는데, 그 섞임에서 좋은 것은 키우고, 나쁜 것은 빼시게.

이무 : 답 아닌 것이 없군요.

자자 : 문제자체에 모든 해답이 있느니라… 모든 맛을 다 보아라. 그러면 자유를 얻으리라. 그 맛을 지워버려라. 그러면 큰 자유를 얻으리라. 제자신은 남이니라. 그러면 자유를 얻으리라. 남은 제자신이니라.

그러면 큰 자유를 얻으리라. 큰 자유를 지워버려라.
그러면 자유가 되느니라.

부록

한국의 홀아비여, 뉴욕으로 오시게

한국의 홀아비여, 뉴욕으로 오시게

- '한국의 홀아비…' 도 한권의 분량이었으나, 사본과 동시에 출판하기엔 역부족이어서, 그 취지나마 살리기 위하여 부록으로 대체하면서 참회록으로 남긴다. 찾는 이가 많으면 인터넷 사이트를 다시 오픈하든지, 다른 길을 모색해보리다. 기쁨과 슬픔을 섞어서 내일은 웃으리라. -

1

2000년 6월 24일 오전 7시반 맨하튼 42가에 당도하였다. 전날 밤 9시 토론토 출발 정기노선 버스를 타고 밤새 달려왔다. 출근시간이라 많은 사람들이 왕래하였다. 한국인에게 문의하니, 5번가 32가에 있는 한인타운을 가르쳐줬다. 그곳의 한 음식점에서 아침을

먹으며, 한국 신문들의 광고란을 뒤져서 한 방을 구했다. 그 아파트에는 이미 4사람이 세 들어 있었다. 한 사람은 한식점 주방장이었고, 한 청년은 유학비자로 들어와서 가발회사에 다니고 있었다.

그는 많은 정보를 제공하여 주었다. 계약결혼은 5만 불이 든다기에 그때는 미쳤다는 반응을 보였지만, 결코 아깝지 않은 액수였다. 고등학교 유학하려면 사립에 다녀야하니, 1년에 등록금 2만 불 등 4만 불이 든다. 아이가 2명이면 1년에 10만 불이 유학경비로 나간다. 부모의 결혼으로 영주권을 취득한 아이들은 공립고등에 다녀 돈 한 푼 지출하지 않는다. 대학등록금도 싸니, 돈으로 환산해도 많은 득이고, 아이들을 직접 보살피니 행운이기도 하다. 그의 말을 듣고 찾아간 플러싱 한인타운에 가니 정말 놀라웠다. 한국을 그대로 옮겨놓은 듯 하였다. 저녁에 아파트에 돌아가니, 불법체류 신분으로 한 의류점에서 기사 생활하는 남자가 비자 만료 전에 미리 운전면허증을 따라는 충고와 곁들여 반겨주었다. 냉장고에 있는 맥주를 다 비웠다.

새벽이었다. 한 중년남자의 울음소리가 들렸다. 잊고 잠이 들었는데, 욕설이 난무하였다. 어떤 놈이 자신의 맥주를 훔쳐 먹었느냐며. 긇기지 않고 더해지는 욕설에 결국 기사가 나와 싸움이 벌어졌다. 그 덕분에 난 그곳에서 나와 플러싱에 방을 얻었다. 덕분인 이유는 다시 얻은 방이 너무 좋았다. 주인 내외는 이발소를 경영하여 세든 이 나 홀로라 항시 조용하였다. 사람마다 자주 물었다. 뉴욕에 왜 왔느냐고. 그냥 왔다면, 뭔 대답이 그렇냐, 공부하러 왔던지, 돈벌러 왔던지, 해야지 하며 불신하였다. 맞는 말씀이었다. 그래서 맨하튼 한인타운 인근에 많이 있는 전자, 가발, 가방, 의류, 액세서리, 잡화 등 한인도매상의 한 가게에 취직하였다. 뉴욕에 일할 자리는 천지다.

- 자식이 병들면 부모도 치료받아야한다. 홀부모는 그 부담을 고스란히 다 감당하여야한다. 불평을 하소연한다면, 홀부모는 병든 자식보다 더 병들어있다. 홀부모는 아플 수도 없는 존재다. 하나밖에 없는 기둥이라 늘 건강하여야만 한다.

특히 다른 나라에서는 목숨을 걸고 살아야한다. 자신 말고는 아무도 없다.

2

평일 오후 6시에 일 마치면, 헤랄드 스퀘어 앞 공원 벤치에 앉아서 담배 한 모금으로 하루를 마감하고, 토요일은 일찍 일 마쳐서 센추럴 파크를 위시하여 맨하튼 구경을 다녔다. 서울에서 연극할 땐 브로드웨이 연극 희곡을 보며 호흡을 같이 하려 했지만, 그 거리를 다녀도 살기 바빠 별 감흥이 일지 않았다. 일요일에는 메츠 야구장 인근 공원에서 두고 온 아이들 등으로 상념에 잠기곤 하였다. 캐나다에 있는 막내딸을 방문하고 귀국하신 아버지께서, 좁은 나라에서 콩나물처럼 들썩거리지 말고, 넓은 나라에서 살아라고 권하셨다. 그래서 캐나다 이민을 신청하고 마냥 세월을 까먹었다.

부시시 일어나면 12시 정도였다. 이미 아들 둘은 학교에 갔고, 저녁거리를 준비하곤, 남천동 산으로 올라서 바다를 내려다보며 먼 여행을 앞둔 호흡도 가다듬어보고 광안리 백사장으로 내려와서 인근의 기원에 들어갔다. 대충 시간을 보내고 해가 저물면 기우들과 어울려서 술집으로 향했다. 아니면 혼자서 헤매다가 어둠이 깔린 술집으로 들어섰다. 그 하루가 365일이었다. 작가란 미명아래 그런 백수생활이 오랜 세월 이어졌다. 이혼의 아픔을 달랜다며 술독에 빠져있는 동안 아이들은 방치되었다. 설상가상으로 꼼꼼하지 않은 이민공사의 실수로 캐나다대사관 인터뷰 시 서류가 완비되지 않아 이민마저 거부되었다. 그동안의 허송세월… 아이들에게 공부하라고 말을 한 적이 없다. 사촌처럼 놀아도 전교에서 1등 한다든지 아이큐 높아 멘사 회원은 아니더라도, 스스로 알아서 공부하였는지 성적은 좋았다.

뉴욕에서 첫째 아들에게 전화하였다. 캐나다 이민은 포기하였고, 너희들 뉴욕으로의 유학을 알아보는 중이라고. 사실은 거짓말에 가까웠다. 하는 데까지 하다가 되지 않으면 영화의 한 장면처럼 자동차를 빌려서 어느 사막에서 생을 마감하려고하였다.

미국에 들어올 때, 과거의 목숨은 죽었고, 뉴욕에서 제2의 목숨을 걸고 있다. 덤으로 한 인생을 더 사니, 여기 온 게 기쁘다.

- 남들 얘기를 들어보면, 애들 장난감에 돈을 제법 쏟아 부었다고 하는데, 난 거의 지출하지 않았다. 사촌이 쓰던 장난감과 책을 물려받아, 부족하고 찌그러진 거라도 잘 활용하였다. 좋은 점은 부서뜨리고 찢어도 아깝지 않아 마음대로 변형하였다.

애들 엄마도 어린 나이에 아이를 가져, 자신의 정체성에 방황하여, 애들은 정상적인 엄마의 정을 제대로 받지 못하였다.

요즘, 방학 때마다 플로리다로 놀려가고 아낌없이 물건을 구입하는 걸로 보이는 형에게 동생이 불만이었다. 홀아비 걱정을 지가 하였지만 달랬다. 이해하라. 부모를 잘못만나 어린 시절 쓰지를 못하였으니, 이것도 대학 졸업할 때까지라 잠시뿐이니 내버려두자. 너도 정신건강을 위해 골프를 배워라. 그는 씩 웃기만 하였다.

3

신문에 구혼광고를 냈다. 그리곤 일사천리로 진행하여, 2002년 봄에 아이들이 들어왔다. 미국인회사로 직장을 옮겨 5일 40시간 근무로 아이들에게 많은 시간을 할애했다. 솥뚜껑 운전도 제대로 하여 나날이 순조로웠다. 누구는 아이들도 컸으니, 시키라 하였지만, 난 그럴 수가 없었다. 그게 내 기쁨이자 내 사랑이었다. 그런데 보이지 않는 곳에 암초가 있었다. 쉬이 첫째는 원하는 대학에 들어가고(1월에 입학허가, 9월에 입학), 둘째는 11월에 입학허가가 보내왔는데 진학을 포기하려 했다. 그때서야 그 아이를 볼 수 있었다. 첫째 초등 5, 둘째 초등 2학년일 때 그들의 어머니가 집을 나갔다. 둘째는 냉장고에 음식 가득하다며 엄마의 부재에 상관하지 않았는데 한마디로 엄마의 정을 몰랐다. 하루는 첫째가 밤늦게 귀가하여 물었더니, 엄마를 찾으려 이모 집 등으로 다녔단다. 엄하게 주의를 내려 다시는 그러지 않도록 하였다.

내가 뉴욕에 있는 동안 그들만 살기도 하였고 삼촌 집과 할머니 집에서 얹혀살기도 하였다. 첫째가 한번 할머니 집에서 소란을 피웠단다. 아버진 저희들이 필요 없다고 했어요, 하며 항변을 하였다. 그렇다. 그날도 욕정을 풀려고 밤을 일깨웠다. 자주 다니던 술집 여사장에게 호텔 행을 제시하니, 일단 사는 곳 한번 보고 가자고 유혹하였다. 그날은 너무 취해선지 자신을 제어 못하고, 집으로 향했다. 아이들은 자고 있었고, 옆방에서 수작을 벌였는데 그녀는 거부하였다. 그럴 때 첫째는 현관문 따는 소리에 컴퓨터를 끄고 자는 척 하였지만 깨어 있었고, 아마도 그녀가 애들이 옆방에 있다며 거절하자, 애들이 무슨 소용이냐며 한번의 섹스를 위하여 엄청난 헛소리를 뱉었던 모양이다. 어설픈 수작은 수작으로만 그치고, 첫째에겐 큰 충격이었을 텐데, 난 모르고 있었다.

둘째는 대학으로 가지 않고, 바로 사회생활을 원했다. 자신이 자리 잡을 때까진 집에 있게 해달라며. 대화에서 남은 인상은 늙은 철학자 같았다. 사랑도 모르고 꿈도 없고 희망도 없으니 내일도 없었다. 잠시

스쳐가는 우울증으로 여겼다. 공원에 가서 온갖 설득도 소용없어 통사정을 하였다. 1년이든 6개월 만 있더라도 입학하라고. 목이 쉬어도 그날은 결론이 없었다. 다음날 학교를 하루 쉰다기에, 회사 하루 쉬고 싶던 내가 회사에 다녀오니, 컴퓨터에 그의 편지가 있었다. 내 눈물이 유효했는지, 대학엔 가겠는데, 고등학교 졸업식엔 가지 않겠다기에 무조건 환영이었다. 그 외 많은 글이 적혀있었는데, 제대로 눈에 들어오지 않았다. 졸업식 시간에 우리는 한인타운 한 술집에서 단 둘이서 소주를 마시며 졸업 기념식을 가졌다. 그는 졸업앨범도 구입하지 않았다. 그 앨범엔 제 사진도 없다며… 제 사진란은 비워져있단다.

그랬다. 너흰 새 땅에서 다시 태어나 이제 걸음마다. 한국이라면 바로 사회로 진출해도 된다. 너흰 이제 겨우 걸으며, 학교에서 달리기를 더 해야 한다. 미국에서 대학을 나와도 너흰 한국에서 중학교를 마친 셈이다. 그러니 어디 살며, 집으로 돌아오는 길을 알 때까지라도 학교에 더 머물러야한다.

한국에서 환경을 엉망으로 만든 죄책감을 덜려고, 여기선 나름대로 아버지 스스로 노력하지 않는가. 동생이 만약 소아마비였다면, 형이 업고 등교하였을 걸

믿어 의심치 않는데… 한국에서 소홀하였던 만큼 꼬였으니, 누구를 원망하랴. 조금 벗어난 항로지만 깨닫고 난 뒤엔 너무나 벗어났지만 어떡하랴. 한탄만 할 수 없지 않느냐. 늦은 만큼, 더딘 만큼 꾸준히 고쳐나갈 수밖에.

- 가정 : 천년 후 미래인이 와서, 젊음과 건강과 재물과 미녀와 뛰어난 자식을 보장하며, 가자고 제의해 오더라도, 어떤 것도 알고 싶지 않고, 한마디로 거절하여 돌려보내겠다. 아직은 아이와 함께 하고, 나중엔 휴식하리라.

4

그들이 미국에 오기 전에 편지를 보냈다. 아버진 최선을 준비할 때 차선도, 차차선도 생각한다. 너희들이 미국 와서 만일 아버지가 일찍 죽으면 최소한 6개월 이상은 체류하여 달라. 미국에선 집을 빌려도 전세란 개념이 없어 월세만 있다. 적지 않은 월세지만 한 달 한 달 월세 내는 게 기뻤다. 그만큼 그들이 미국생활에 익숙해지니. dean' s list에 올랐다. 전교서 최상윈데, 1학년 마칠 때쯤 둘째에게서 이메일이 왔다. 1년을 버텼지만 더 이상은 학교를 다니지 않겠다, 아버지 살아있는 동안은 죽지 않겠다… 통곡 외엔 할 일이 없었다. 무조건 하고 싶은 대로 하라고 답장을 보냈다.

첫째 여름방학이라 데리려가니, 동생 일 아느냐고 물었다. 내가 먼저 묻자며, 처음으로 제 어머니 근황을 물었다. 결혼해서 잘 산다는 대답에 마지막 소망이 사그라지는 걸 느꼈다.

부산에선 창으로 아침 해가 떠오르는 바다가 보이는 아파트에 살았다. 마루에서 그들과 농구, 야구, 배구를 하기도, 카드놀이를 할 땐 항시 어린 둘째에게 편을 들어 첫째의 불만도 많았다. 신문지로 만든 텐트에서 제들끼리 캠핑하는 즐거움도 가졌지만 기억도 못할 만큼 짧은 순간이었다. 손으로 직접 때려본 적은 없고, 먼지 털이 등으로 매를 찾아서 몇 대 맞겠느냐고 물어보고 엉덩일 쳤다. 매를 찾는 도중에 심한 경우가 아니면 그냥 넘어가고, 체력보강삼아 엎드려뻗쳐를 시켰다.

그날도 엎드려뻗쳐를 시키고 내방으로 들어갔다. 첫째가 뭐라 하였지만, 똑바로 하라고 큰소리를 외치곤, 담배를 피워 물었다. 북받쳐 올랐던 감정이 가라앉으니 이상한 전율이 느껴졌다. 아니나 다를까 마루에 나가니 피가 흥건히 고여 있었다. 비만인 둘째 코피였다. 엎드려뻗쳐를 시키고도, 한발 들어, 두발 다 들어?? 하며 융통성을 가르쳤지만 그날은 그게 아니었다. 첫째를 나무랬다. 동생에게 무슨 일이 있을 땐 네 판단으로 하라, 아버지가 뭐라 하였던…

캐나다로 이민 갈 예정이라 아파트를 팔고, 셋방으로 이사하였다. 하루는 둘째의 살을 뺄 겸 산을 다녀오니, 어디 다녀왔어요? 첫째가 물었다. 산에… 다음엔 제게 물어보고 다니세요(응… 무슨 이런 경우가 다 있느냐). 그게 동생에 대한 책임감의 발로임을 나중에 깨달았다.

첫째가 집에 와서 둘째가 자고 있으면 항시 때렸다. 그게 거의 매일이었단다. 하루는 형의 발길질에 머리에서 번개가 번쩍이며 새하얀 세상으로 변하였단다. 첫짼 자신이 집안의 기둥이라 생각하기도, 어머니를 찾지 않는 무심한 동생에게의 화풀이가 아니면 술꾼 아버지에 대한 적개심도 보태졌으리라.

고통의 나날이든 둘째는 어느 날 죽으려고 칼을 들곤 많이 울었단다. 하나님에게 자신을 거두어가라고 무지 빌었지만 끝내 응답이 없었다. 그 어린 것이 그 지경인데도 아비란 작자는 모르고 있었으니…

술에 지쳐 이른 밤에 집으로 간 날, 때리는 소리와 맞는 소리에 옆방에 가보면, 둘째는 눈물을 닦으며, 제가 맞을 짓을 했단다. 더 어린 시절, 한밤중에 첫째가 치통으로 울면, 둘째가 그랬다. 형아, 날 때려라. 지도 울먹였다. 둘째는 너무 착하였다. 그래서 모두

들 좋아한다. 그림도 잘 그려, 상을 놓친 적이 없다. 둘째가 케네디공항에서 나올 때 농구공을 들고 왔다. 첫째가 거들었다. 이제 그림 안 그려요.

뚱뚱한 몸집이 키로 가며 비쩍 말라있었다. 아비가 없어 먹지를 못했나? 그에게 물었다. 할머니가 그랬구나. 네 아빈 글로 빌어먹더만, 넌 그림으로 빌어먹을래.

그는 씩 웃으며 대답을 대신하였다. 그래서 돈 된다는 운동으로 돌아섰구나.

이웃집 가라지 세일에서 그림도구를 구해줬더니, 다시 그림을 그렸다. 바로 학교서 뽑혀 대학 전시실에 걸렸다. 가서보니 놀라울 뿐이었다. 그림이 살아있었다. 천재가 이런 거구나. 그래서 대학은 3d 그림 전공으로 하였다. 그런데 그것마저 포기하였다.

실력이 딸려서 포기한다면 아까운건 없을 텐데. 왜 그려야하나요. 남을 위해서 그리고 싶지 않아요. 자신이 그리고 싶지 않아요. 그런데 자신을 위하는 게 아무것도 없으니… 어려서부터 자폐증에 가까웠다. 누구와도 잘 어울리지만, 제 혼자 돌멩이 하나 가지고도 온종일 놀았다.

- 아이가 병들었을 때, 나쁜 귀신이 들어가서 그렇

다고 굿을 하는데, 부모자신들의 과오는 인정하지 않고, 자신들의 마음만 편케 하는데, 아이의 마음은 더 닫긴다.

5

첫짼 여름방학이라 돈벌이 나가고, 둘짼 본격적인 직장생활로 접어들었다. 할 땐 무엇이든 최선을 다하지만, 그만 두면 그걸로 뒤돌아보지 않았다. 뒷주머니에 목장갑을 끼고 술가게 갈 땐 쳐다보는 내가 서글펐다. 옷가게는 가깝고 주급도 내보다 많았다. 학생이라고 여자라고 임금의 차별은 없으니. 신발가게에선 도둑도 지켜야하는데, 제 소지품을 넣어둔 가방을 몽땅 도둑맞았다. 허허허. 그것도 공부 아니런가.

가을이 짙어지자, 하루는 먹구름도 짙어졌다. 아버지와의 약속을 못 지키겠다, 올해를 넘기지 못 하겠다… 그저 멍하였다.

내가 할 수 있는 일이라곤 한국에 보내는 일 뿐이었다. 계속 이어지는 거부를 돌이키는 게 소원이었다.(가장 중요한 시기에 그에겐 아무도 없었다.) 한국에선 네가 아는 사람 만나게 하지 않을 테니 그냥 다녀오라. 초등학교 때 네가 다녔던 유치원을 가리키니, 네가 아니라 했지. 저렇게 조그만 곳이 아니라며. 이제 네가 왕따를 당했던 초등학교도 들러봐라. 정말 우스울지 모른다. 부모의 이혼으로 자신이 부정되는 게 아니라, 자신이 태어나기 위해, 맞지 않는 남녀가 잠시 인연을 만드는 것이다. 탄생보다 숭고한 건 이 세상에 없다.

이민 1세의 미국에서의 생활은 뻔하다. 일과 자식의 교육이다. 귀가하면 5시다. 그때부터 바둑사이트인 타이젬에서 한국노래를 들으며 한국어를 하는 게 낙이다.

재외동포도 상당히 많은데, 15년 동안 파리에서 정신분석학을 연구하고 막 귀국한 분과 친분이 믿을 만큼 두터웠다. 아버지가 늦은 나이에도 온라인으로 만난 철학교순데, 그분이 너보고 바람 쐬려 와서 있고 싶은 대로 있으라 하니, 한국에 가라.

네가 불행한 가정에 태어난 게 아니라 널 위해 불행한 가정이 된 거다. 전연 네 책임은 아니지만, 모든 게 널 위해 존재하고 움직이지 않느냐. 씩 웃으며 생각해 보겠단다. 그들이 삼촌 집에 있을 때, 삼촌은 반항적인 첫째만 정신과의사랑 상담하였는데 건강하였고, 둘째는 생각지도 않았단다. 착하고 조용하니, 사실은 속으로 병이 깊어만 갔는데도… 이 아비도 모른 게 아니라, 이 아비가 만든 병이고, 더 깊이만 보태주지 않았느냐.

첫짼 고분하게 말을 듣지 않으니, 말만 떨어지면 항시 예, 하는 둘째를 초등 2년부터 식모로 부렸으니 말이다. 형 오면 고기 구워서 먹어라. 예. 국도 데워서 차려줘라. 예. 어리석은 아비다. 형에게 권리와 의무를 공정하게 지워줬다면, 동생에겐 권리 없이 의무만 곱배기로 지워줬다. 첫짼 우주소년단을 다 마쳤다. 꼭 가야하니. 예. 둘짼 보이스카웃 옷을 입곤 마냥 즐거워하였는데, 한번도 참석하지 못했다. 처음부터 적지 않은 돈이라, 안가도 되겠지. 예. 그걸로 땡이였다. 항시 양보였다. 특히 우리 애들은 양보 한마디만 하면, 장난감 앗아가는 형이라도 지켜만 보았다. 다 독자라서 그러려니 했지만, 형제에게 죄많은 아비다. 형이 동생에겐 가해자였지만, 그도 불쌍한 피해자다. 짐을 덜어주지는 못할망정 짐을 떠맡겼던 무심한 아비. 구두쇠 아비. 항시 형이 쓴 걸 물려받는 동생. 그것도 미국에 와서도 이어졌고, 저도 제걸 갖고 싶어요, 라는 하소연도 무시했으니. 이제 제것을 가진 게 독특한 아픔이다.

다행히 한국에 들어갔고, 그 박사님과도 잘 보냈다. 무엇보다도 제 자신을 지키고, 찾으려고 노력하며, 형과의 반목에서 화해로 들어서고 있단다. 그래서 형의 학교로 전학하며 자신의 병을 알기위해 전공을 심리학으로 바꾼단다. 그리고 직장생활 중에 시험친 우정국에서도 합격통지서가 왔다. 봐라. 넌 무엇이든지 하면 다된다. 그러니 학교로 돌아가라. 그런데 전 학교서 성적표를 늦게 보내 봄학기에 갈수가 없었다.

한국에서 돌아와선 불평이었다. 공무원할걸… 그 타이밍도 다 좋은 거다. 네가 더 세상을 봐야하는 이유다.

우선은 내가 바보였다. 다 나은 줄 알았다, 세수 한번 하듯이. 감기에 걸려도 1, 2주일이고, 좀 다쳐도 서너 달 가지 않는가. 10년 넘게 서서히 오랜 기간 동안 속으로 곪은 병인데, 거울 한번 쳐다보고 낫는 줄 알았으니. 여하튼 이제 시작이고, 시작인 걸 아니까, 차분히 나아가자. 마라톤임을 잊지 말며. 내가 먼저 포기하진 않겠다. 내가 너희들을 믿었듯이, 이젠 내가 내 자신을 믿겠다.

- 2000년 5월 16일 캐나다 동생에게서 전화가 왔다. 다음날 바로 김해공항으로 떠났다. 물론 아이들은 이미 학교가고 없었다. 통장과 쪽지를 남기곤, 2년 동안 보지 못했다.

그 당시 첫째의 불평이 불만스러웠던 차에 이제부터 고생해 봐라며… 아비는 천국에서 보내고, 자식들은 지옥에 있었다.

둘째가 고국방문 전엔 내가 지쳐선지, 아비의 냉정한 처센지… 죽으라면 죽어라, 내뱉기도 하였다. 첫째에게 일러주니, 아버지~ 한마디만 흘리곤, 동생을 데리고 밖으로 나가서 한참만에 되돌아왔다. 내 자신 숨은 있어도 말이 없다.

요즘도 둘째는 주말에 일하러 오는데, 공휴일이 끼면 오랫동안 함께 하여, 홀아비도 덜 외로워 좋은데, 어떤 땐 12시간 이상 기척이 없다. 캄캄하다 방문이 열리면, 가슴을 쓸어내린다. 짜식, 오줌통도 크구나.

6

홀부모는 뉴욕으로 오시게. 권하는 이유는, 한국정서가 아직 덜 성숙한 면도 있을 것이고, 다 아는 사람들이라 제약받는 부분도 상당할 테니, 어른부터 먼저 마음을 다지고 새로운 인생에 도전하자는 의미다. 또한 알게 모르게 상처받은 아이들이 넓은 나라에서 치유 받게, 더 나아가 세계의 중심에서 마음껏 날개를 펴도록 배려하자. 덤으로 한국아이들은 거의 우수한 성적으로 대학에 들어간다.

한국의 성은 5천개도 안되지만, 미국의 성은 1백5십만이 넘는다. 실수로 알파벳이 더 붙던지 빠져도 허용되고 개인의 의사를 존중하기 때문이다. 실수를 너그럽게 안아주고, 속임수에는 가차 없지만, 성실하면 잘사는 나라임은 분명하다. 한국은 아직 성실보단 편법으로 치부하며, 황금만능주의에 빠져있지 않는

가. 나중에 아이들이 다른 선택을 하더라도, 먼저 세상을 보여주자.

비유를 하나 든다면, 우리 아이들이 한국에 있었다면 서울대 입학은 불가능하였겠지만, 여기서 주립대를 졸업하면 서울대보다 나으리라. 고등학교까진 돈 한푼 들지 않고, 대학은 많은 융자제도가 있다. 장학금 수혜도 솔솔이 많다.

한국의 홀아비여, 뉴욕으로 오시게. 우리의 소중한 아이들을 위하여 못할게 무엇이 있겠느냐. 두려울 게 있다면 자신의 용기뿐이다. 비행기서 내리면 지하철로 어디든지 갈 수 있다. 지하철 7번 종점 플러싱에 가면 그곳이 바로 한국이다. 영어를 두려워하느냐. 한국어 하나 몰라도 동남아인 등 천지로 한국에 들어오지 않는가. 댕큐, 예스, 노만 알아도 영어를 다 아는 거랑 진배없다.

미국에는 한국교회가 4,000개 정도, 절도 생각보단 많다. 없는 게 없으며, 한국사람 없는데도 없다. 당신의 마음만 있으면 다 있다.

둘째에게 다 실토했다. 아버지는 하늘을 우러러 한 점 부끄럽지 않게, 누구도 부러워하지 않고, 한 톨 후회 없이 살아왔다. 단지 너희 어머니 떠나곤 후회하였다. 사실은 그전에도 후회가 왜 없었겠느냐. 단지 내 자신이 후회하기 싫어서 그걸 거부하였을 뿐이리라. 그리고 나도 모르고 숱한 죄악을 저질렀을 텐데 왜 부끄럽지 않은가. 모른다는 것도 기억을 하지 않을 뿐이다. 또한 왜 부러워하지 않았을까. 평범하게, 가난해도 화목한 가정이 얼마나 부러운가. 작던 크던 적잖은 부러움에 내 자신만 인정하지 않고 외면하였을 뿐이다.

그리고, 그리고 미안하다. 몰랐던 것에도 미안하고, 지켜보는 것도 미안하다. 정말로 미안하단 말도 꺼낼 수 없도록 부끄럽구나. 결국은 모든 걸 너희에게 맡기기만 하는구나.

무능하고 가치 없는 이 목숨이나마 여태 부지한 것도 너희들 제대로 어른이 되기를 바라는 마음 아니었겠나.

무릎을 꿇고 참회한다. 이 못난 아비를 용서해다오. 아니다. 이 세상의 사람을 다 용서하더라도, 이 아비만큼은 용서하지 말아다오. 그래도 난 너희들이 있어서 행복하다.

둘째의 자학엔 가슴 아프지만 그것도 한 과정으로 훗날 단단한 밑거름으로 남으리라 믿는다.

그림을 그리지 못하는 안타까움이 은연중에 달리 표현되는지… 내 마음이 먼저 흔들리지 않고 평정을 유지하려 애쓴다.

가을부터 2학년으로 다시 시작한다.(언제 그만 두더라도 그의 의사를 존중한다.)

자, 다시 시작하세. 꿈은 꾸는 자의 것이다. 한 생명 다시 얻는 것보다 큰 기쁨이 어디 있으랴. 희망사항으로만 남을지라도 훗날 이런 대화가 이루어지길 바란다.

"아이들 잘 키워줘서 고맙소."

"아이들 잘 낳아줘서 고맙소."

스스로 태어나고, 스스로 크고, 스스로 일어나서, 나중엔 나누기를 바란다.

7

첫째도 생각이 깊은 아이였다. 초등 1학년 때 벌써 죽음에 관하여 많은 얘기를 하였다. 그걸 들은 친구는 거짓말이라고 우겼다. 그래서 둘만의 시간을 주었는데, 돌아온 친구의 말은 졌다, 라는 한 마디 뿐이었다.

오후반이면 내가 그의 손을 잡고 등교시켰는데 젓가락 같았다. 요즘은 첫째도 신체가 강건한데, 정신력에는 동생에게 두 손 든다.

둘째는 미국학교에서 9학년부터 시작하였다. 미식축구팀의 코치가 눈독을 들여 거듭되는 그의 제의에 결국 넘어갔다. 235파운드까지 체중을 늘렸다가 12학년부턴 공부한다며 운동을 그만 두었다. 짐작으로, 형이 대학기숙사에 있으니 수업을 마치곤 바로 집으로 왔다. 2달 만에 170파운드로 내리곤 여태 유지한다. 그때 트랙 등 모든 운동을 한 이유가 형과 같이 지내기 싫어서란 건 나중에 짐작하였다.

첫째는 10학년부터 시작하였는데, 불만을 토로하였다. 새로운 언어와 문화에서 시작하니 미리 적응기 삼아 재수시키는 걸로 할 수밖에 없었다. 다행히 한 살 많은 중국애가 제 학년에 있었고, 이달의 화학상, 수학상 등을 받아 나름대로 적응되어갔다. 사실은 둘째가 더 잘 적응하며 지내는 줄 알았는데, 한국에서의 깊은 병이 있는 걸 어찌 알았으랴.

하루는 첫째가 동생의 뺨을 치는 걸 목격하였다. 그땐 동생이 커서, 제 힘으로 형을 벽에 밀어붙이곤 꼼짝 못하게 하였다. 어안이 벙벙하였다. 형의 요지는 공부였다. 동생은 이제 더 이상 맞고 살 수는 없었다. 논쟁이 이어져, 둘은 직접 대화하지 못하게 하였다. 항시 아버지를 통해서 의사전달 하라며. 그때도 단지 형제의 일시적 싸움으로 여겼고, 동생의 아픔을 몰랐다. 조금 더 일찍 눈치 챘더라면 상처가 덜 할 텐데. 홀아비의 외면으로 치달렸으니.

그렇다. 지금도 늦은 건 아니다. 늦은 건 아무것도 없다. 요즘 둘째는 주말에 일하느라, 목요일 밤에 기차역으로 마중 나간다. 키 크고 허연 놈이라 멀리

서부터 눈에 띈다. 키는 그만 크길 바랜다. 귀가하는 차안에서 침묵을 깨뜨렸다. 네게 접근하는 여학생이 있으면, 못이기는 척 받아줘라. 씩 웃으며 공부하러 갔잖아요. 그것도 공부다. 그는 미소로 대화를 마친다.

부모는 잘못 만났지만, 그래도 체격과 인물은 훌륭하지 않느냐며 그를 위로한 적도 있다. 주위에서 연예인으로 보내라고 추천하기도 하지만, 아이들은 조금도 동요하지 않는다. 사실 형이 조금 더 미남이지만, 동생은 더 크고 온순하게 보여 점수가 더 높다.

- 한국인 변호사, 회계사, 중개사들이 많아 도움을 많이 받지만, 이민 상담실도 제법 있으니 활용하면 돈 절약이 된다. 이민생활에 버는 건 정해져있어, 항시 돈을 아낀다. 내 시민권 신청은 온라인으로 직접 했고, 애들 건 중요해서 상담실을 이용했다.

- 애들 영주권 받기 전 재정보증이 필요해서 신문광고를 냈다. 5,000불을 사례하며, 원하면 양자로 드리겠다. 얘들 미래와 행복이 우선인데, 성이 바뀐들 어떠랴. 그런데도 자격이 있는 사람에겐 전화가 없었다. 결국 내 자신 자격에 맞추느라 1년이 늦어졌다. 마을회관 앞 잔디밭에 앉아서 지나가는 기차를 보며,

회사 앞에 주차하곤 출근시간 기다리며 건물의 조그만 구멍 사이로 드나드는 참새 식구들을 보며, 담배 연기를 날려 보내며 우리는 언제 만날 것인가 애틋한 초심을 종종 떠올린다.

8

2007년 여름 한국을 방문하였다. 가장 놀라운 건 한국인 모두 돈에 미쳐서 달리는 것처럼 보였다. 좁은 나라라서 그런지 한목에 몰려다니며, 그 유형에 몸담지 못하면 이방인으로 보였다.

한국은 평범하길 원하지 않는 평범한 사람들로 구성되었다. 어떤 면엔 한국이 미국보다 선진국이다. 토요일 문열지 않는 은행과 우체국이 뉴욕엔 없다. 여기선 정치든 스포츠든 문화든 각자의 취향으로 그치니, 제각각 자유롭게 산다.

뉴욕이 패션1번지라 해도, 멋쟁이는 일부에 지나지 않는다. 70%는 편한대로 입고 다닌다.

젊은 여자라도 츄리닝 바지로 많이 다닌다. 젊은 여자가 똥배 드러내고 다녀도, 아무도 개의치 않아선지 비만은 많다.

키가 작아도 그만이다. 제각각 그대로를 인정하고, 별로 멋을 부리지 않는다. 골프비용이 싸다 하지만, 여기서도 여유 있는 사람이 즐긴다. 특히 골프장에 한국인이 많은 건 고생과 고독에서의 보상심리도 있을 테다.

윤이상 작곡가는 한국에서 만든 작품은 모두 불태우고, 독일로 가서 작품 활동을 다시 시작하였다. 필자의 이제까지의 저서도 오직 이 사본을 위한 연습작으로 여기고 싶다. 한국을 방문한 이유는 책 출판과 결혼이었지만 두 개 다 무산되었다. 2000년 최근작에 다시 뽑기를 희망하면서도 안 되리라 예측하였듯이, 다시 글은 쓰지 않으리라 믿었다. 짧은 일정에서 광안대교가 내려다 보이는 바닷가 모텔에서 씁쓸히 마지막 밤을 보냈다.

뉴욕시는 조그만 브롱스를 제외하곤 맨하튼, 브룩클린, 퀸즈, 스테이튼 아일랜드 모두 섬이다. 섬이란 느낌은 전연 없이 바다를 접한 곳이란 인식만이였지만, 처음에는 머나먼 이방인이라선지 유배지 생활 같았다. 그런데 생각이 정리되었다. 어릴 때는 부모와 함께 사는 곳이 고향이었지만, 이제는 아이들과 함께 사는 곳이 고향이다. 뉴욕이 고향이란 결론을 얻었다. 그나마 파리에서 돌아온 담진님을 마산 옥계에서 만난 건 하나의 수확이었다.(필자의 타이젬 아디는 死本 닷컴과 死本 깨달음이다.)

1979년 첫 창작집 유리사슬이 마침 한 권 있어, 서문에 있는 자살에 대한 소고를 둘째에게 보여줄 수 있어 다행이었다. 그 책을 보고 만난 분이 현재 대학교수를 은퇴하였을 텐데, 3가지를 놀라워하였다. 너무 어린거와 너무 순해보이는 거였단다. 도저히 작품하곤 어울리지 않는다고.

비록 엎어져서 코가 깨졌더라도, 지금이 가장 중요한 시기임을 명심하자. 항시 긍정적으로.

태양은 밤이 없다. 3행시집인데, 겨우 3줄밖에 안 돼지만, 짜깁기식이라 3가지 이상의 뜻이 있다. 뒤표지에 실린 시를 옮겨본다.

〈이 외로움을 위하여 더 외로워야하네, 이 외로움이 넘쳐서 그 외로움에서 벗어나네, 이 외로움이 어디에 있느냐 바람엔 흔들리지 않네.〉

여기서 외로움을 다른 말로 넣어보는 배짱이 있어야 한다. 그리움, 슬픔, 늙음, 믿음, 아픔 등.

가장 중요한 힘은 자신감이다. 이젠 떳떳이 부끄러

워하고, 부러워하고, 후회하며 살리라. 1번 죽었으면 됐지, 2번 죽지는 말자.

후기

부유한 집에서 귀하게 자랐다. 형 백일사진이 필자의 돌 사진보다 더 어른스러웠다. 숱이 많고, 선이 굵어선지. 그 똑똑하다던 형이 3살에 죽고, 3년 뒤 그날에 태어났는데, 기침으로 비실거려 사람 될 것 같지 않아 아버진 포기하고, 어머닌 겨울 내내 찬물로 씻고 기도하였단다. 설날 작은집 차례도 지나고 술에 취하여 돌아오니, 그때서야 눈을 떴단다.

국민학교는 아버지의 외도로 마무리가 엉망이 되고, 중학교엔 들어가자마자 폐결핵이었다. 고등학교에선 쇼우펜하우어의 염세주의에 젖어 살았다. "자살론", "천재론"도 써고. 대학에선 섹스토스가 쓴 "퓌론의 학설요강"에서 회의론과 술독에 빠져 살았다. 그때 "일자론=첫하나"를 남겼다.

1979년 첫 창작집 서문을, 요즘 자살이 사회문제

라, 세상에 다시 내어놓는다.(서문)

당신이 완전한 정상인이면 이 책을 읽지 마시오. 당신이 18세 이하, 48세 이상이면 이 책을 읽지 마십시오.

당신이 죽은 자이면 이 책을 읽지 마십시오.…(중략)…자살에 대한 소고…

자살은 비관론자만의 것이 아니며, 언제나 정의가 곧 진리이지는 않다. 혈로의 청춘은 대화를 자살에 일치시킬 때, 거짓 없이 흉금을 털어놓아 상대를 확연히 알며 이해한다. 혐오는 이미 대상이 되지 않는다.

누구나 한두 번은 절망에 봉착하여, 자살이냐 라는 기로에 서서, 진정한 용기는 무엇인가 번민하였을 것이다. 살해와 같은 외부 상황으로 생명의 위험을 느낄 때는 본능적으로 삶을 고수한다. 생의 애착과 자살의 관계는 미묘하다.

자살이란 생을 절단하는 외에 무엇인가? 자살자는 눈 뜬 장님으로, 눈감은 철학자로 현실을 떠나며, 자신의 의무에 종지부를 찍는다. 이제 더 이상 끝까지 희생될게 없으며, 보답 받을 것도 없다.

아름다운 자살에는 피해자가 없으며, 원인에 확실한 목적이 있다. 확고한 판결로 서서히 맞이한다.

자신의 평가와 의도로 자살은 이루어지니 합리적 인 근거는 그 평가 기준에서 찾아져야 한다. 평가 대상은 자신의 예술적 위치와 윤리적 위치이며 그것의 존재양식이 자살의 충만한 동기가 된다.

육체의 결함이 인류의 강렬한 발전욕에 위배되며, 조화의 아집인 자연을 추하게 하며, 정신의 결함은 인류의 고상한 순수욕에 배제되며, 통일의 변신인 자연에 교차되기에 예술적 책임이 있다.

사회에 대한 무력한 저항이나, 관찰과 판단에 대한 해답이나, 자신의 이유와 외부의 이유를 결합시키는 윤리적 책임이 있다.

이래서 자살은 오판으로 인한 슬픈 메아리가 울려지게도 하며, 도피로 인한 어설픈 눈물과 비난이 엇갈리게도 한다.

자살이 하품에서 연유하지 않듯이, 삶의 기침에서 유래하지 않는다. 삶이 악할 수도 있으나, 생의 애착은 선하다.

나는 첫째, 자살을 경시하는 행동에 반감한다. 둘째, 죽음의 유혹에 현혹된 감각적인 자살의 이념에 반감한다. 셋째, 생의 회피가 아닌 생의 도전으로서의 자살이란 얄팍한 변명에도 항거한다. 넷째, 완성을 부르짖으며 생과 사를 저울질하는 자를 증오한다.

자살은 감상론자만의 것이 아니기도 하지만, 나의 것이 아닐 수도 없다.

…숨통을 트기 위해서…

1979. 3. 저자

외국에 나가면 다 애국자가 된다고 한다. 유유상종이리라. 모든 게 낯선 나라에서 왜 조국이 그립지 않겠느냐. 예전에 백인은 다 미국인이듯이, 그들이 보면 우리들은 다 중국인이다. 차이니즈 운운하는데, 당신이 아니라고 생각하면 큰 오산이다.

세상이 좁아진 이 마당에, 미국이 이웃사촌이 되었다면 중국과 일본은 한 형제다. 일본인 야구 선수의 활약과 베이징 올림픽의 성공은 우리의 긍지를 높여준다. 중국, 일본, 한국이여, 친형제처럼 사이좋게 지내길 바란다.

빈센트 반 고흐에게 남동생 테오가 있었다면, 내겐 여동생 서은경이 있다.

2009년 새해를 뉴욕에서 맞이하며…

서 현 수

死本

초판 인쇄 2009년 1월 5일
초판 발행 2009년 1월 15일

지은이 : 서현수
펴낸이 : 연규석
펴낸곳 : 도서출판 고글

140-872 서울시 용산구 한강로2가 144-2
등록일 : 1990년 11월 7일(제302-000049호)
전화 : (02)794-4490

값 3,000원